Carnet d'entretien

_____

Port d'attache:_____

Date initiale: _____

Date de complétion: _____

Carnet d'entretien
Installation moteurs jumelés
En complément des livres Marine Diesel Basics

Créé et illustré par Dennison Berwick
Traduit par Tom Blancart

1e Édition 2022
Disponible sous les formats suivants :

Broché	Carnet d'entretien – moteurs unique	ISBN 978-1-990755-10-1
	Carnet d'entretien – moteur jumelés	ISBN 978-1-990755-13-2
Relié	Carnet d'entretien – moteurs unique	ISBN 978-1-990755-11-8
	Carnet d'entretien – moteur jumelés	ISBN 978-1-990755-14-9
Reliure spirale	Carnet d'entretien – moteurs unique	ISBN 978-1-990755-12-5
	Carnet d'entretien – moteur jumelés	ISBN 978-1-990755-15-6

Carnet d'entretien digital (PDF) Disponible pour Ipad et tablettes – cliquez et modifiez.
Télécharger à partir de www.marinedieselbasics.com (anglais uniquement)

Avis de non-responsabilité

Un effort consciencieux a été fait pour vérifier et revérifier l'exactitude de toutes les informations contenues dans ce livre. Cependant, les conceptions et modèles d'équipement, l'installation et les conditions sur différents types et âges de navires varient énormément. L'auteur et l'éditeur n'assument aucune responsabilité pour toute blessure corporelle, tout dommage matériel ou toute autre perte de quelque nature que ce soit résultant d'actions entreprises sur la base ou à partir d'informations ou de conseils contenus dans ce livre. Assurez-vous de bien comprendre l'équipement et les procédures avant de commencer tout travail. En cas de doute, contactez un mécanicien marin professionnel. L'utilisation de ce livre implique l'acceptation de cette clause de non-responsabilité.

Remerciements

Merci à tous ceux qui m'ont aidé à concevoir, créer et vérifier le contenu de ce Carnet d'entretien, notament Arie Agniyadis, Mark Bryant, Estelle Evans, Peter Jarrett, Annette Maclean, Denbigh Patton, Simone Pertuiset, Jiri Skopek, Michele Pippen et Andy Robinson. Remerciements particuliers à Tom Blancart pour sa traduction soignée. Bien entendu, toute erreur ou omission n'appartient qu'à moi.
Et merci au Commodore Ed Hill et aux membres et au personnel du Tanga Yacht Club, Tanzanie, pour leur accueil et leur hospitalité.

Dennison Berwick

Droits d'auteurs (C) 2022 Dennison Berwick
Tous droits réservés. Aucune partie de cette publication ne peut être reproduite, distribuée ou transmise sous quelconque forme ou par quelconque moyen que ce soit, y compris la photocopie, l'enregistrement ou tout autre moyen électronique ou mécanique, sans l'autorisation écrite préalable de l'éditeur, sauf en cas de brève citations incorporées dans des revues critiques. Pour les demandes d'autorisation, contactez l'éditeur.

Voyage Press
7B Pleasant Boulevard, Unit #1045
Toronto, Ontario
Canada M4T 1K2

www.marinedieselbasics.com

En complément de ce carnet d'entretien

Marine Diesel Basics 1

2e édition

Montre comment effectuer tous les entretiens de base, le désarmement & la remise en service

- plus de 350 illustrations simples et claires
- 64 tâches d'entretien
- 66 tâches d'hivernage/ désarmement
- 53 tâches de remise en service

- 222 pages
- index complet
- versions reliée, brochée, reliure spirale, e-book
- livre broché à 17,99 USD, e-book à 11,99 USD
- plus de 9 000 exemplaires vendus

"... Le meilleur guide sur le sujet que j'ai vu, ce livre a un place sur chaque bateau équipé d'un moteur diesel. "
Sail Magazine

"... grâce à ses instructions simples et visuelles, ce livre est un énorme atout pour ceux qui souhaitent se familiariser un peu plus avec la salle des machines... c'est une source de d'information essentielle pour quiconque débute sur les moteurs diesel en raison de ses illustrations claires... Je le recommande fortement."
Good Old Boat

"Les excellentes illustrations de l'auteur (il y en a plus de 300) facilitent la compréhension du texte. Chaque étapes de l'entretien régulier, du dépannage, du décommissionnent et de la remise en service sont couvertes. J'ai particulièrement aimé la structure de ce livre... Hautement recommandé."
Australian Sailing

Disponible en ligne et en librairie
- librairies nautiques
- magasins de marine et d'accastillages
- Amazon • Kindle
- disponible sur www.marinedieselbasics.com

Actuellement disponible en anglais uniquement, avec une liste détaillée de mots techniques anglais-français disponible gratuitement sur le site :

Table des matières

Liste des illustrations vi
Pourquoi un carnet d'entretien vii
Bienvenu dans votre carnet d'entretien vii
Informations sur le bateau 8
Inventaire du système diesel 9
    Emplacement de toutes les vannes d'eau de mer 9
    Réservoirs de fuel 11
    Filtres à fuel 12
    Pompes à fuel – pompes de relevage et d'injection 13
    Lubrification moteur 14
    API/SAE « donut » 15
    Additifs pour huile moteur 15
    Système de refroidissement 16
    Admission et échappement d'air 18
    Système électrique – batteries 20
    Anodes – tout le bateau 21
    Système électrique – alternateurs 22
    Inverseur/ transmission 24
    Arbres d'hélice et presses étoupe 26
    Hélices 28
Saildrives 30
Autres moteurs – générateur, hors-bord, etc. 31
Liste des pièces de rechange – Pieces moteur, Matériel d'entretien moteur 32
Manuals 33
Autres équipements 34
Tâches et calendrier d'entretien 36
    Tous les Jours ou avant chaque utilisation le moteur 36
    Tâches mensuelles 37
    Tâches 3 mois 37
    Tâches saisonnières 38
    Tâches de 6 mois 38
    Tâches annuelles 39
    Tâches de 1 à 2 ans 40
Saildrives – Tâches et calendrier d'entretien 41
Notes d'entretien 42
Liste des inspections 46
    Inspection de la nable de fuel 46
    Diagnostic à la jauge – huile moteur 47
    Diagnostic à la jauge – liquide de transmission automatique 48
    Inspection des durites et colliers de serrage 49
    Position correcte pour le contrôle du niveau d'huile d'inverseur 49
    Inspection du câblage et des cosses 50
    Inspection d'une turbine en caoutchouc 51
    Inspection de la pompe à eau de mer 51
    Inspections des anodes 52
    Inspection du liquide de refroidissement 52
    Protection contre les frottements à l'aide de vieux tuyaux 52
    Inspection des courroies 53
    Inspection de la tension de la courroie 54
    Inspection des poulies 55
    Inspection de l'accouplement d'arbre 56

Inspection de l'arbre d'hélice	57
Inspection de tension de courroie	57
Inspection des joint d'arbre d'hélice	58
Inspecter la durite d'un presse étoupe traditionnel	58
Inspection de la bague hydrolube	59
Inspection de la chaise d'arbre	60
Inspection de l'hélice	60
Saildrive - Inspection de la bague d'étanchéité intérieure et de l'alarme	61
Saildrive - Joint étanche (anneau d'étanchéité en caoutchouc intérieur)	61

Table des matières

Entrées du carnet d'entretien	**62**
Résumés	**206**
Journal de carburant diesel	207
Vidanges huile moteur	220
Vidanges de liquide de transmission*	228
Changements des filtre à fuel primaires	232
Changements des filtre à fuel secondaires	236
Inspections et changements de turbine de pompe à eau de mer	240
Vidange et appoints du liquide de refroidissement	244
Bateau – Inspections et changements de toutes les anodes	248
Vidanges de saildrive	252
Saildrives – Inspections et changements des joints en caoutchouc	256
Saildrives – commentaires	258
Autre équipement	260
Résumés – commentaires	262
Mesures et conversions	**264**
Superficie – métrique et impérial	265
Diesel – volumes et poids	266
Électricité – courant continu	267
Électricité – Loi de Georg Ohm, Loi de James Watt	267
Longueur/Distance – métrique, impériale et nautique	268
Puissance – chevaux-vapeur et kilowatts	270
Pression – métrique et impériale	271
Vitesse – métrique, impériale et nautique	272
Couple – métrique et impérial	274
Volume – métrique et impérial	275
Poids – métrique et impérial	276
Tailles des trous de taraudage et de perçage en millimètres et en pouces	277
Équivalents métriques, fractionnaires et décimaux communs en pouces	278
Fractions communes, et équivalent en pouces décimaux	279
Résistance à la traction des boulons en acier renforcé	279
Index	**288**
Série sur les Marine Diesel Basics	**290**

Liste des illustrations

Pré-filtrer le carburant en utilisant un entonnoir filtrant vii
Les filtres à eau à ouverture par le haut sont plus facile à utiliser vii
Emplacement des vannes de carburant 11
4 conceptions de filtres primaires 12
Taille en micron : Á quel point petit est petit ? 13
Couvrir le trou centrale 14
Graisser les câbles de commande de moteur 14
API/SAE « donut » 15
Attachez une pinoche en bois à chaque passe-coque 16
Échangeur pour refroidir l'huile 17
Types d'anodes 21
Tension de la courroie – trop lâche, trop serrée 23
3 Types d'hélices 29
Un anti-siphon bouché peut permettre à l'eau de mer de remplir le moteur 37
Nettoyez l'anti-siphon régulièrement 37
Regarder dans les extrémités de l'échangeur pour des débris de turbine 38
Inspection de la nable de fuel 46
Diagnostic à la jauge – huile moteur 47
Diagnostic à la jauge – liquide de transmission automatique 48
Inspection des durites et colliers de serrage 49
Position correcte pour le contrôle du niveau d'huile d'inverseur 49
Inspection du câblage et des cosses 50
Inspection d'une turbine en caoutchouc 51
Inspection de la pompe à eau de mer 51
Inspection du liquide de refroidissement 52
Protection contre les frottements à l'aide de vieux tuyaux 52
Inspections des anodes 52
Inspection des courroies 53
Inspection de la tension de la courroie 54
Inspection des poulies 55
Inspection de l'accouplement d'arbre 56
Inspection de l'arbre d'hélice 57
Inspection de tension de courroie 57
Inspection des joint d'arbre d'hélice 58
Inspecter la durite d'un presse étoupe traditionnel 58
Inspection de la bague hydrolube 59
Inspection de la chaise d'arbre 60
Inspection de l'hélice 60
Saildrive – Inspection de la bague d'étanchéité en caoutchouc intérieure 61
Saildrive – Joint étanche (anneau d'étanchéité en caoutchouc intérieur 61
Vérifiez si la pompe d'injection a des jauges 206
Vérifier le niveau d'électrolyte dans les batteries 206
Inspection d'une hélice repliable 206
Retirez l'ancien joint lors de l'installation du nouveau filtre 206
Test du liquide de refroidissement/antigel avec un hydromètre 264
Micromètre 268
Exemples de têtes de boulons 278
Exemple de têtes de vis 278

Bienvenu dans votre carnet d'entretien

Ce carnet d'entretien est conçu pour vous aider à entretenir facilement l'intégralité de votre système diesel marin :

Illustrations – plus de 40 Illustrations des inspections courantes et des composants importants. Voir la liste complète à la page vi.

Inventaire – un lieu unique pour conservez les numéros de pièces et de modèles afin de faciliter l'entretien (par exemple, numéros de filtre a carburant, dates d'installation de la batterie, taille et rotation de l'hélice, etc).

Calendrier d'entretien – listes de contrôle des tâches de maintenance courantes, par jour, semaine, mois, etc. Cochez au fur et à mesure de complétion du contrôle et inscrivez les prochaines dates de service.

Inspections – des illustrations claires pour montrer ce qu'il faut rechercher lors des inspections - courroies, turbines, jauges, hélice, etc. Voir la liste complète à la page 46.

Journal de bord – conservez un historique complet de tous les travaux effectués sur toutes les parties du système - quoi, qui et quand.

Introduction

Résumés – assurez-vous que les tâches importantes ne soient pas omises par inadvertance. Pages de résumé pour des tâches spécifiques, par ex. les vidanges d'huile, les changements de turbine, etc. À quelle fréquence les anodes sont-elles remplacées ? La fréquence a-t-elle changé ?

Mesures et conversions – formules et tableaux faciles à utiliser pour 14 mesures importantes : tailles équivalentes métriques et impériale, trous de perçage et tailles de tarauds.

Index – index complet de tous les sujets de ce carnet d'entretien.

Pourquoi un carnet d'entretien

Tenir un carnet d'entretien est l'un des moyens les plus simples et les plus importants d'assurer le bon fonctionnement et la longévité de tous les équipements mécaniques d'un bateau. Plus il sera complet et détaillée, plus un carnet d'entretien devient utile au fil du temps. Votre carnet d'entretien rempli ces fonctions importantes:

1 - historique de ce qui a été fait, quand et par qui. L'entretien de routine régulier - tel que changements d'huile et de filtre – est la base d'un système diesel marin fiable :
   • un diagnostic commence souvent par un retour en arrière jusqu'au travail le plus récent qui a été effectué et de vérifier si quelque chose a été oublié

2 - marques, modèles et numéros de série – conservez toutes les informations en un seul endroit organisé et facilement accessible • la commande correcte des pièces de rechange, etc. dépend de la précision des numéros de modèle et de série

3 - observation précoce des problèmes potentiels – de nombreux problèmes se développent lentement et sont souvent simple à corriger si pris tôt:
   • les notes détaillées sont une aide pratique pour le diagnostic étape par étape

4 - historique des performances du moteur et du système – la simple prise de notes améliore la vue d'ensemble de tous les aspects du système diesel marin :
   • savoir ce qui est « normal » aide à détecter rapidement les problèmes potentiels

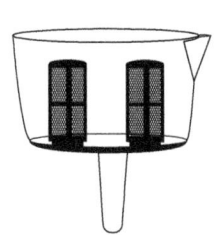

Utilisez un entonnoir à filtre pour pré-filtrer et aider à garder l'eau et les sédiments hors du réservoir.

Une crépine à ouverture par le haut permet de nettoyer le panier plus facilement. Si le joint torique fuit, de l'air sera aspiré dans la pompe à eau de mer

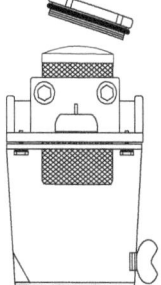

Informations sur le bateau

Marque et modèle du navire : _____

_____ Année de construction : _____

Longueur hors-tout : _____ Numéro de coque : _____

Tirant d'eau : _____ Tirant d'air : _____ Largeur hors membres : _____

Nb de licence/d'enregistrement : _____ Date de renouvellement : _____

Emplacement : _____ papier ☐ pdf ☐

MMSI : _____ Indicatif radio : _____

Compagnie d'assurance : _____

Adresse : _____

Numéro de téléphone : _____

E-mail : _____

Nb de contrat : _____ Date de renouvellement : _____

_____

Commentaires : _____

<u>Coordonnées – Chantiers navals, marinas et ateliers de mécanique</u>

Nom/adresse : _____

Numéros de téléphones : _____

E-mail : _____

_____

_____

_____

_____

_____

_____

Inventaire du système diesel

Moteur bâbord

Marque et modèle : _____ Année : _____

Numéro de série : _____ Puissance (CV kW) : _____ Nb de cylindres : ____

Nb d'heures : _____ Date : _____ Nb d'heures : _____ Date : _____

Sens de rotation : _____ Date de révision/reconstruction : _____

Supports moteur   Marque et taille du modèle : _____ Date d'installation : _____

Manuels du moteur   manuel service ☐   manuel atelier ☐   liste pièces ☐   papier ☐   pdf ☐

Voir la liste complète des manuels en p33

Inventaire

Moteur tribord

Marque et modèle : _____ Année : _____

Numéro de série : _____ Puissance (CV kW) : _____ Nb de cylindres : ____

Nb d'heures : _____ Date : _____ Nb d'heures : _____ Date : _____

Sens de rotation : _____ Date de révision/reconstruction : _____

Supports moteur   Marque et taille du modèle : _____ Date d'installation : _____

Manuels du moteur   manuel service ☐   manuel atelier ☐   liste pièces ☐   papier ☐   pdf ☐

Voir la liste complète des manuels en p33

Emplacement de toutes les vannes d'eau de mer
– refroidissement moteur, cuisine, toilettes, etc.

Emplacements :
- Réservoirs de fuel
- Nables à fuel
- Évents de réservoir de fuel
- Tuyaux de fuel
- Vannes d'arrêt
- Câblage de la jauge de fuel

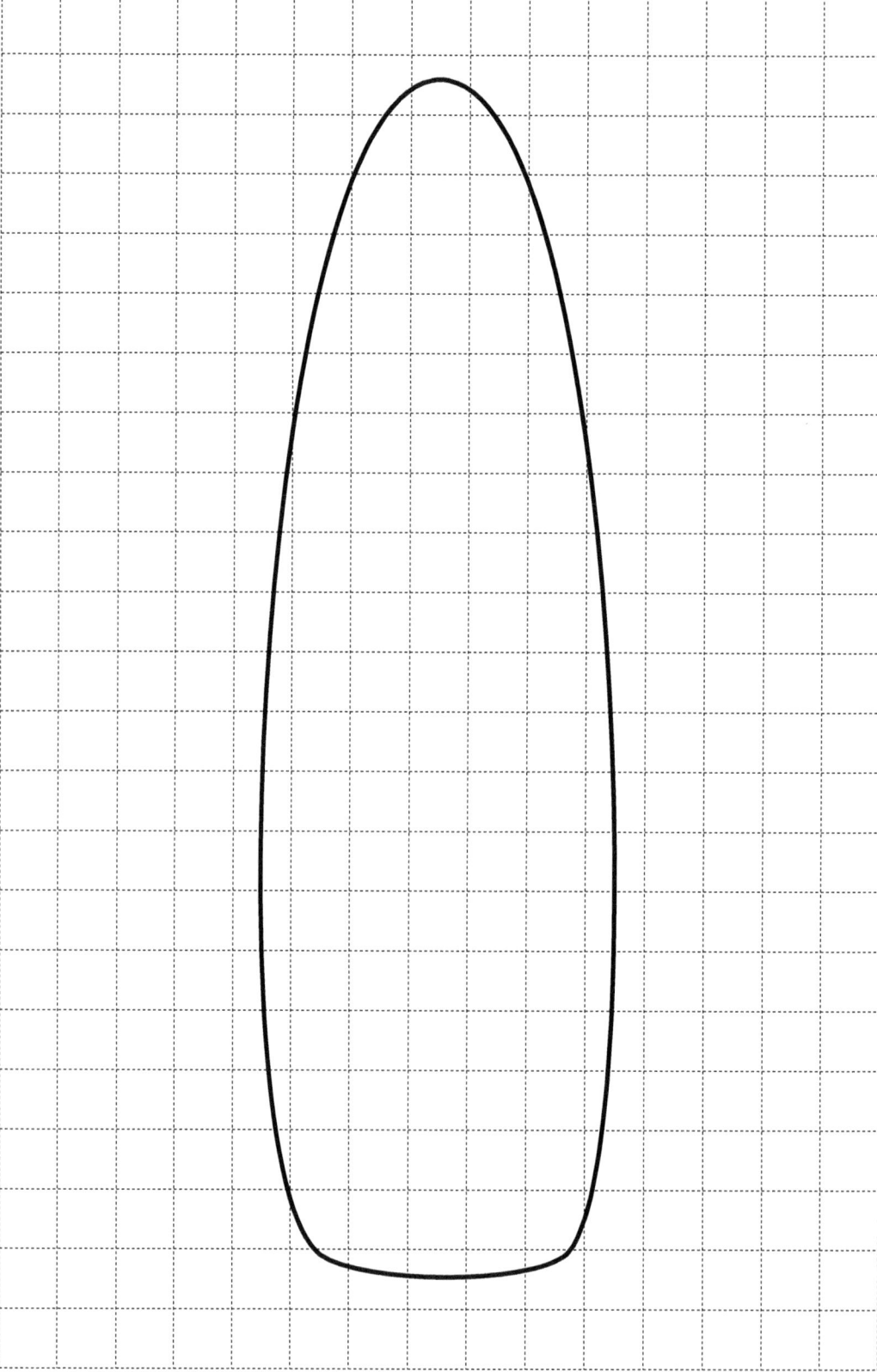

Réservoirs de fuel

Nombre de réservoirs : _____ Capacité totale : _____ Litres

Réservoir de fuel N° 1 _____ Capacité : _____ Litres

Matériaux de construction : _____ Année de construction : _____

Réparations : _____

Diamètre et année d'installation des tuyaux à fuel :

Tuyaux à fuel : _____ mm D'alimentation : _____ mm

Évent : _____ mm Retour : _____ mm

Emplacement des vannes de carburant

Inventaire

fermer les vannes entre les réservoirs

connaître l'emplacement des vannes de fuel peut aider à empêcher les écoulements si un tuyau se rompt

---

Réservoir de fuel N° 2 _____ Capacité : _____ Litres

Matériaux de construction : _____ Année de construction : _____

Réparations : _____

Diamètre et année d'installation des tuyaux à fuel :

Tuyaux à fuel : _____ mm D'alimentation : _____ mm

Évent : _____ mm Retour : _____ mm

Réservoir de fuel N° 3 _____ Capacité : _____ Litres

Matériaux de construction : _____ Année de construction : _____

Réparations : _____

Diamètre et année d'installation des tuyaux à fuel :

Tuyaux à fuel : _____ mm D'alimentation : _____ mm

Évent : _____ mm Retour : _____ mm

Filtres à fuel

Moteur **bâbord**

Filtre séparateur **primaire** – marque et modèle : _____

N° d'éléments de filtre : _____   Taille particules : _____
                                                        (micron)

_____

Moteur **tribord**

Filtre séparateur **primaire** – marque et modèle : _____

N° d'éléments de filtre : _____   Taille particules : _____
                                                        (micron)

_____

5 conceptions de filtres primaires dit « séparateurs » - destinés à séparer l'eau et la saleté du fuel

Moteur **bâbord**

Filtre séparateur **secondaire** – marque et modèle : _____

N° d'éléments de filtre : _____   Taille particules : _____
                                                        (micron)

_____

Moteur **tribord**

Filtre séparateur **secondaire** – marque et modèle : _____

N° d'éléments de filtre : _____   Taille particules : _____
                                                        (micron)

_____

Pompes à fuel – pompes de relevage et d'injection

Moteur **bâbord**

Pompes de relevage :   mécanique ☐   électrique ☐   pompe auxiliaires   non installées ☐
                                                                          installées ☐

Numéro de modèle : _____

Pompe d'injection marque et modèle : _____

Type de pompe d'injection :
    mécanique – en ligne ☐   électronique – rail commun ☐
    mécanique – distributeur ☐   électronique – distributeur rotatif ☐

Manuel de pompe d'injection :   non ☐   oui ☐   Lieu de rangement : _____

Commentaires : _____

Inventaire

Moteur **tribord**

Pompes de relevage :   mécanique ☐   électrique ☐   pompe auxiliaires   non installées ☐
                                                                          installées ☐

Numéro de modèle : _____

Pompe d'injection marque et modèle : _____

Type de pompe d'injection :
    mécanique – en ligne ☐   électronique – rail commun ☐
    mécanique – distributeur ☐   électronique – distributeur rotatif ☐

Manuel de pompe d'injection :   non ☐   oui ☐   Lieu de rangement : _____

Commentaires : _____

Taille en micron : Á quel point petit est petit ?

La saleté dans le filtre à carburant primaire peut être trop petite pour être vue

- 100 microns – 1 grain de sable
- 30 microns — visible a l'œil nu
- particules dans l'huile usée 20 – 5 microns
- 10 microns filtre à fuel primaire
- 8 microns globule rouge du sang
- 2 microns filtre à fuel secondaire

Lubrification moteur

Moteur **bâbord**

Capacité en huile moteur : _____ Litres

Marque et grade de viscosité de l'huile moteur : _____

Numéro de filtre à huile : _____

Numéro de filtre à huile alternatif : _____

Refroidisseur d'huile   non ☐ oui ☐   Filtre d'évent de carter   non ☐ oui ☐

Commentaires : _____
_____

Graisser **les deux** extrémités de toutes les commandes câbles aide à prévenir la rouille et la corrosion :
- contrôle de l'accélérateur
- contrôle de transmission (câble d'inverseur)
- câble d'arrêt (si pas de solénoïde électrique)

Le graissage des filetages des supports moteur aide à prévenir le grippage
qui peut rendre l'alignement du moteur extrêmement difficile

Couvrir le trou central en cas de pré-remplissage du filtre

Graisser les câbles de commande de moteur

Moteur **tribord**

Capacité en huile moteur : _____ Litres

Marque et grade de viscosité de l'huile moteur : _____

Numéro de filtre à huile : _____

Numéro de filtre à huile alternatif : _____

Refroidisseur d'huile   non ☐ oui ☐   Filtre d'évent de carter   non ☐ oui ☐

Commentaires : _____
_____

API/SAE « donut »

Le « donut » API/SAE sur les bidons d'huile moteur fournit trois éléments d'information clés sur les spécifications de l'huile :

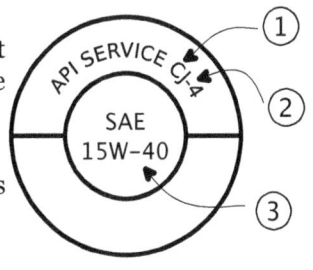

1) C – compression/diesel *ou* S – étincelle/essence
2) Catégorie de service J – dernière norme pour les modèles plus récents
3) viscosité – multigrade ou monograde (ex. SAE30)

Un débit d'huile adéquat à toutes les températures nécessite une huile ni trop épaisse à froid ni trop fluide à la température normale de fonctionnement du moteur. Un nombre bas indique une viscosité plus basse, l'huile est plus épaisse. Les huiles multigrades (c'est-à-dire les huiles mélangées) cherchent à fournir des performances optimales dans un large gamme de températures ambiantes et sont importantes pour le démarrage du moteur par temps froid. Les huiles monogrades offrent un service optimal dans un gamme de températures restreinte.

Les huiles multigrades ont deux chiffres séparés par la lettre "W" pour l'hiver (« winter » en anglais) ou le démarrage à froid (par ex. 10W30 ou "10-30"). Un 10W30 a la même viscosité à froid qu'une huile SAE10 pure et la même viscosité à chaud qu'une huile SAE30.

Inventaire

Additifs pour huile moteur

Les additifs représentent 15 à 25 % de l'huile de moteur diesel et sont les ingrédients spéciaux qui améliorent les performances du moteur et en réduise l'usure. Les additifs se détériorent avec le temps, il est donc essentiel de changer l'huile au moins aussi souvent que spécifié par le fabricant, ainsi que si le moteur a surchauffé ou si une huile de qualité inférieure a été utilisée (si il n'y avait rien d'autre de disponible, par exemple). Neuf types d'additifs sont utilisé; chacun a un travail spécifique à faire :

1. <u>dispersants</u> – aident à maintenir les contaminants (par exemple, le carbone, les particules métalliques) en suspension dans l'huile jusqu'à ce qu'ils soient éliminés par le filtre à huile qui aide à prévenir la formation de boues de carbone.

2. <u>détergents</u> – aident à empêcher la formation de dépôts de carbone sur les surfaces à haute température, tels que les roulements et les pistons.

3. <u>anti-usure</u> – lubrification cruciale pour empêcher l'usure des surfaces en contact métal sur métal ; Cet additif est sacrificiel et s'use avec le temps.

4. <u>réducteurs/modificateurs de friction</u> – modifient les qualités de friction d'une huile en réduisant l'usure et réduisant ainsi la consommation de carburant.

5. <u>inhibiteur d'oxydation/antioxydant</u> – ralentit les effets de l'exposition à l'oxygène à hautes températures; l'oxydation dans l'huile vieillie contribue à la formation de boues et à l'épaississement de l'huile.

6. <u>anti-mousse</u> – réduit la formation de bulles d'air lors de la circulation de l'huile ; les bulles d'air peuvent contenir des gaz de combustion qui provoquent des trous dans les surfaces métalliques. La présence d'air cause une absence de lubrification.

7. <u>inhibiteur de corrosion/rouille</u> – recouvre les surfaces pour prévenir la rouille et neutraliser les acides, tels que l'acide sulfurique formé à partir de la vapeur d'eau dans l'air et du soufre dans le carburant.

8. <u>améliorant d'indice de viscosité</u> – modifie la fluidification de l'huile à haute température, ce qui permet d'améliorer les performances à basse température.

9. <u>dépresseur de point d'écoulement</u> – utilisé dans l'huile multigrade pour améliorer la capacité de s'écouler à faible températures, ce qui facilite le démarrage à froid dans les climats froids.

Système de refroidissement

Moteur **bâbord**

Type de refroidissement : eau de mer ☐ indirect ☐ direct ☐   refroidissement par **quille** : ☐   refroidissement par **air** : ☐

Type de vanne d'eau de mer : _____ Date d'installation : _____

Marque et modèle du filtre à eau : _____ Date d'installation : _____

Durites d'eau de mer : _____ Date d'installation : _____

Marque et modèle de pompe à eau de mer : _____

Type de pompe : mécanique ☐   courroie ☐   Numéro de courroie : _____

Marque et modèle de turbine d'eau de mer : _____

Marque et modèle alternatif : _____

Marque et modèle d'échangeur : _____

Marque et modèle d'anti siphon : _____

Attachez une pinoche en bois à chaque passe-coque au cas ou le tuyau ou la vanne se briseraient

Capacité de liquide de refroidissement : _____ Litres   Date du dernier changement : _____

Marque du liquide de refroidissement : _____

Commentaires : _____

Système de refroidissement

Moteur **tribord**

Type de refroidissement : eau de mer ☐   refroidissement par **quille** : ☐   refroidissement par **air** : ☐
indirect ☐   direct ☐

Type de vanne d'eau de mer : _____ Date d'installation : _____

Marque et modèle du filtre à eau : _____ Date d'installation : _____

Durites d'eau de mer : _____ Date d'installation : _____

Marque et modèle de pompe à eau de mer : _____

Type de pompe :   mécanique ☐   courroie ☐   Numéro de courroie : _____

Marque et modèle de turbine d'eau de mer : _____

Inventaire

Marque et modèle alternatif : _____

Marque et modèle d'échangeur : _____

Marque et modèle d'anti siphon : _____

Un échangeur est généralement installé pour refroidir l'huile sur les gros moteurs. Vérifiez si une anode est installée.

Capacité de liquide de refroidissement : _____ Litres   Date du dernier changement : _____

Marque du liquide de refroidissement : _____

Commentaires : _____
_____
_____
_____

Admission et échappement d'air

Moteur **bâbord**

Admission

Filtre a air :   non ☐   oui ☐   type : _____

Ventilateur à l'entrée :   non ☐   oui ☐   modèle : _____

Ventilateur à la sortie :   non ☐   oui ☐   modèle : _____

Turbocompresseur :   non ☐   oui ☐   marque et modèle : _____

Refroidisseur d'admission :   non ☐   oui ☐   marque et modèle : _____

Commentaires : _____
_____
_____

admission d'air avec pré-filtre en mousse

déclipser l'extrémité pour sortir la cartouche

la cartouche peut être nettoyée ou remplacée

Les filtres à air en mousse peuvent être lavés à l'eau tiède savonneuse

Certaines cartouches de filtre à air peuvent être nettoyées avec une brosse

Échappement

Type de système :   échappement sec ☐   échappement humide ☐ _____

Colonne montante de gaz d'échappement – matériau de construction :   fonte d'acier ☐   inox ☐   autre ☐

Date d'installation/ dernière réparation : _____

Durite d'échappement :   diamètre (int. et ext.) _____ Date d'installation : _____

« waterlock » marque et modèle : _____ Vis de purge :   non ☐   oui ☐

Commentaires : _____
_____
_____

Admission et échappement d'air

Moteur **tribord**

Admission

Filtre a air :   non ☐   oui ☐   type : _____

Ventilateur à l'entrée :   non ☐   oui ☐   modèle : _____

Ventilateur à la sortie :   non ☐   oui ☐   modèle : _____

Turbocompresseur :   non ☐   oui ☐   marque et modèle : _____

Refroidisseur d'admission :   non ☐   oui ☐   marque et modèle : _____

Commentaires : _____

_____ **Inventaire**

_____

Nettoyer les accumulations calcaires et la rouille de la colonne échappement avec du fil de fer rigide

une vis de purge est très utile sur les système « waterlock »

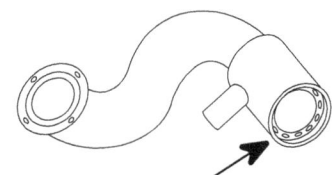

les petits conduits d'eau se bouchent facilement avec débris de pales cassées de turbine

Échappement

Type de système :   échappement sec ☐   échappement humide ☐ _____

Colonne montante de gaz d'échappement – matériau de construction :   fonte d'acier ☐   inox ☐   autre ☐

Date d'installation/ dernière réparation : _____

Durite d'échappement :   diamètre (int. et ext.) _____ Date d'installation : _____

« waterlock » marque et modèle : _____   Vis de purge :   non ☐   oui ☐

Commentaires : _____

_____

_____

Système électrique – batteries

Panneaux solaires Nb de watts : _____   Éolienne ampérage nominal : _____

nombre de batteries :
(y compris domestiques) _____   Alternateurs : sortie nominale: _____ amps / kW

Ampérage total avec batteries domestiques en parallèle à la batterie de démarrage _____

Batterie de démarrage **moteur bâbord**

nombre de bancs de batteries : _____   Voltage 6v ☐ 12v ☐ 24v ☐   voltage de fonctionnement : _____

Type de batterie :   plomb/acide ☐   ouverte ☐   scellée ☐   gel ☐   AGM ☐   lithium ☐

CCA* _____   MCA* _____   Amp/H _____

Marque et modèle : _____

Taille du groupe : _____   Date d'installation : _____

Commentaires : _____

Batterie de démarrage **moteur tribord**

nombre de bancs de batteries : _____   Voltage 6v ☐ 12v ☐ 24v ☐   voltage de fonctionnement : _____

Type de batterie :   plomb/acide ☐   ouverte ☐   scellée ☐   gel ☐   AGM ☐   lithium ☐

CCA* _____   MCA* _____   Amp/H _____

Marque et modèle : _____

Taille du groupe : _____   Date d'installation : _____

Commentaires : _____

CCA – Cold Cranking Amps = Ampérage de démarrage à froid   *voir page 267*   *MCA – Marine Cranking Amps = Ampérage de démarrage marin*

Autres bancs de batteries

nombre de bancs de batteries : _____   Voltage 6v ☐ 12v ☐ 24v ☐   voltage de fonctionnement : _____

Type de batterie :   plomb/acide ☐   ouverte ☐   scellée ☐   gel ☐   AGM ☐   lithium ☐

CCA* _____   MCA* _____   Amp/H _____

Marque et modèle : _____

Taille du groupe : _____   Date d'installation : _____

Commentaires : _____

Anodes – tout le bateau

Anode(s) moteur bâbord   non ☐   oui ☐   Type : zinc ☐   aluminium ☐   magnésium ☐

Taille : _____   Emplacement sur le moteur : _____

___

Anode(s) moteur tribord   non ☐   oui ☐   Type : zinc ☐   aluminium ☐   magnésium ☐

Taille : _____   Emplacement sur le moteur : _____

___

Voir aussi *Saildrives* p30

Types d'anodes
zinc – eau de mer
magnésium – eau douce
aluminium – eau saumâtre, eau douce ou eau de mer

Inventaire

ne pas mélanger les types d'anodes sur un bateau

___

Bâbord – anode d'hélice   non ☐   oui ☐   Type : zinc ☐   aluminium ☐   magnésium ☐

Taille : _____   Emplacement sur le moteur : _____

___

Tribord – anode d'hélice   non ☐   oui ☐   Type : zinc ☐   aluminium ☐   magnésium ☐

Taille : _____   Emplacement sur le moteur : _____

___

Nombre d'anodes installées _____ emplacement - moteur, arbre d'hélice, hélice, coque

Système électrique – alternateurs

Nombre total d'alternateurs : _____   Sortie nominale totale : _____

Moteur bâbord

Alternateur N° 1

marque et modèle : _____

Sortie nominale : _____ Date d'installation : _____ type de courroie

courroie en V ◯

serpentine ◯

Longueur externe de la courroie : _____ Largeur supérieure : _____ Profondeur : _____ mm

Numéro de la courroie : _____

Régulateur de charge :   interne ◯   Marque et modèle : _____
                         externe ◯
                         intelligent ◯   Date d'installation : _____

Commentaires : _____
_____
_____

Alternateur N° 2

marque et modèle : _____

Sortie nominale : _____ Date d'installation : _____ Type de courroie

courroie en V ◯

serpentine ◯

Longueur externe de la courroie : _____ Largeur supérieure : _____ Profondeur : _____ mm

Numéro de la courroie : _____

Régulateur de charge :   interne ◯   Marque et modèle : _____
                         externe ◯
                         intelligent ◯   Date d'installation : _____

Commentaires : _____
_____
_____

Système électrique – alternateurs

Moteur tribord

Alternateur N° 1

marque et modèle : _____

Sortie nominale : _____ Date d'installation : _____ Type de courroie

                                                                                                               courroie en V ☐

                                                                                                               serpentine ☐

Longueur externe _____ Largeur supérieure : _____ Profondeur : _____ mm
de la courroie :

Numéro de la courroie : _____

Régulateur   interne ☐   Marque et modèle : _____
de charge :   externe ☐
                intelligent ☐ Date d'installation : _____

Commentaires : _____

_____

_____

Inventaire

trop de tension déforme et endommage les roulements d'alternateur et peuvent en changer l'alignement

trop peu de tension va user rapidement la courroie. De la poussière noire est un signe de manque de tension ou de désalignement des poulies.

Alternateur N° 2

marque et modèle : _____

Sortie nominale : _____ Date d'installation : _____ Type de courroie

                                                                                                               courroie en V ☐

                                                                                                               serpentine ☐

Longueur externe _____ Largeur supérieure : _____ Profondeur : _____ mm
de la courroie :

Numéro de la courroie : _____

Régulateur   interne ☐   Marque et modèle : _____
de charge :   externe ☐
                intelligent ☐ Date d'installation : _____

Commentaires : _____

_____

_____

Inverseur/ transmission

Moteur bâbord

Inverseur marque et modèle : _____

_____

Numéro de série : _____

Type :   hydraulique ☐   mécanique ☐   Date d'installation : _____

Huile transmission
ou huile moteur : _____ Capacité : _____ Litres

Rapports de démultiplication : Position A : _____ Position B : _____

Échangeur de transmission :   non ☐   oui ☐

Anode :   non ☐   oui ☐   zinc ☐   aluminium ☐   magnésium ☐

Type de Plaque d'entraînement : _____

Date de la dernière inspection : _____

Transmission : Taille de l'arbre d'entrée : _____ mm   Nb. de cannelures d'arbre : _____

Taille de l'arbre de sortie : _____ mm   Nb. de cannelures d'arbre : _____

Commentaires : _____

Accouplement flexible :   non ☐   oui ☐   Date d'installation : _____

Marque et modèle : _____

Position de l'inverseur en navigation*   neutre (libre) ☐   engagé AV/AR ☐
                                                                    frein d'arbre d'hélice ☐

*vérifiez toujours dans le manuel – la position en navigation change selon les modèles d'inverseurs

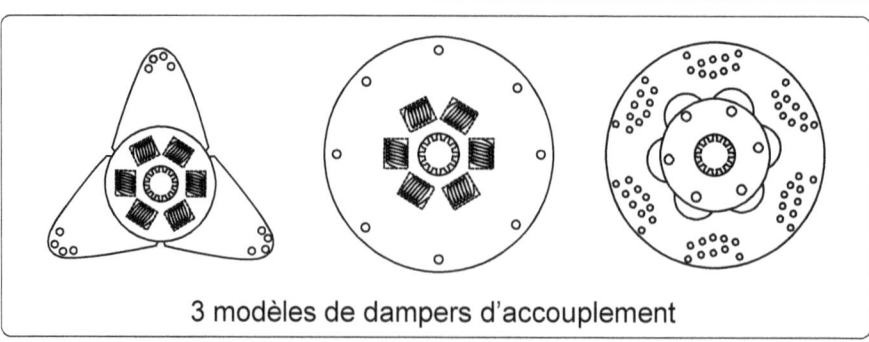

3 modèles de dampers d'accouplement

Inverseur/ transmission

Moteur tribord

Inverseur marque et modèle : _____

_____

Numéro de série : _____

Type :   hydraulique ☐   mécanique ☐   Date d'installation : _____

Huile transmission _____ Capacité : _____ Litres
ou huile moteur :

Rapports de démultiplication: Position A : _____ Position B : _____

Échangeur de transmission :   non ☐ oui ☐

Anode : non ☐   oui ☐   zinc ☐   aluminium ☐   magnésium ☐

Inventaire

Type de Plaque d'entraînement : _____

Date de la dernière inspection : _____

Transmission : Taille de l'arbre d'entrée : _____ mm   Nb. de cannelures d'arbre : _____

Taille de l'arbre de sortie : _____ mm   Nb. de cannelures d'arbre: _____

Commentaires : _____

Accouplement flexible :   non ☐   oui ☐   Date d'installation : _____

Marque et modèle : _____

Position de l'inverseur en navigation*   neutre (libre) ☐   engagé AV/AR ☐
                                              frein d'arbre d'hélice ☐

vérifiez toujours dans le manuel – la position en navigation change selon les modèles d'inverseurs

---

Commentaires : _____

_____

_____

_____

_____

Arbres d'hélice et presses étoupe

Moteur bâbord

Arbre d'hélice : Matériau :

Diamètre de l'arbre : _____ mm / pouces*

inox ☐

*utiliser les décimales pour les mesures en pouce pour plus de précision

bronze ☐

Date d'installation : _____

_____ autre ☐

Pour mesurer correctement le cône d'arbre d'hélice, voir page 28

Joint d'arbre :

Type de joint d'arbre :   Joint d'arbre d'hélice à lèvre : ☐   Joint d'arbre d'hélice tournant : ☐   Joint d'arbre de boîte de rembourrage : ☐

Marque et modèle : _____

Taille : _____   Date d'installation : _____

Manuel : _____   papier ☐   pdf ☐

Joint d'arbre d'hélice à lèvre

Joint d'arbre d'hélice tournant

Bague hydrolube

Matériaux de construction :   laiton/caoutchouc ☐   composite/caoutchouc ☐   caoutchouc/ caoutchouc ☐

Date d'installation : _____

tube de chaise d'arbre   bague hydrolube   arbre d'hélice

mesures

mm ☐

pouce ☐

longueur de tube de chaise d'arbre   diamètre intérieur   diamètre extérieur   diamètre intérieur   diamètre extérieur

Arbres d'hélice et presses étoupe

Moteur tribord

Arbre d'hélice : Matériau :
- inox ☐
- bronze ☐
- _____ autre ☐

Diamètre de l'arbre : _____ mm / pouces*

*utiliser les décimales pour les mesures en pouce pour plus de précision

Date d'installation : _____

Pour mesurer correctement le cône d'arbre d'hélice, voir page 28

Joint d'arbre :

Type de joint d'arbre :
- Joint d'arbre d'hélice à lèvre : ☐
- Joint d'arbre d'hélice tournant : ☐
- Joint d'arbre de boîte de rembourrage : ☐

Marque et modèle : _____

Taille : _____ Date d'installation : _____

Manuel : _____ papier ☐ pdf ☐

Inventaire

Presse étoupe traditionnel en bronze

Bague hydrolube

Matériaux de construction :
- laiton/caoutchouc ☐
- composite/caoutchouc ☐
- caoutchouc/caoutchouc ☐

Date d'installation : _____

tube de chaise d'arbre | bague hydrolube | arbre d'hélice

mesures
- mm ☐
- pouce ☐

longueur de tube de chaise d'arbre | diamètre intérieur | diamètre extérieur | diamètre intérieur | diamètre extérieur

Hélices

Hélice bâbord

Type d'hélice :   fixe ☐   mise en drapeau ☐   repliable ☐

Matériau de construction :   bronze ☐ inox ☐ aluminium ☐

Nombre de pales :   2 ☐   3 ☐   4 ☐   5 ☐

Sens de rotation:
sens horaire (right hand RH) ☐
sens anti horaire (left hand LH) ☐

Dimensions de l'hélice :   Diamètre : _____   Pas : _____ pouces / cm

Marque et numéro de série : _____

Numéro d'hélice : (eg. 18 RH 12) _____   Date d'installation : _____

A diamètre de l'arbre d'hélice

B longueur du cône d'arbre d'hélice

C diamètre de l'embout fileté de l'arbre

taille de la rainure de clavette [keyway]

taille de la clavette [key]

Cône d'axe d'hélice

Mesures   mm ☐   pouces décimal* ☐

A Diamètre de l'arbre d'hélice : _____   Taille du filetage ** : _____

B Longueur du cône d'arbre d'hélice : _____   D profondeur rainure de clavette : _____

C Diamètre de l'embout fileté de l'arbre : _____   W largeur de rainure de clavette : _____

H Hauteur de clavette : _____   W largeur de clavette : _____   L longueur de rainure de clavette : _____

*utiliser les décimales pour les mesures en pouce pour plus de précision

**métrique - écart de filetage
impériale - filetage par pouce

Commentaires : _____

Hélices

Moteur tribord

Type d'hélice :   fixe ☐   mise en drapeau ☐   repliable ☐   Sens de rotation:

Matériau de construction :   bronze ☐   inox ☐   sens horaire (right hand RH) ☐

Nombre de pales :   2 ☐   3 ☐   4 ☐   5 ☐   sens anti horaire (left hand LH) ☐

Dimensions de l'hélice :   Diamètre : _____   Pas : _____   pouces / cm

Marque et numéro de série : _____

Numéro d'hélice : *(eg. 18 RH 12)* _____   Date d'installation : _____

3 Types d'hélices

Inventaire

Hélice fixe

16 RH 14

Hélice repliable ouverte et fermée

Hélice à mise en drapeau

Numéro d'hélice

Cône d'axe d'hélice   Mesures   mm ☐   pouces décimal* ☐

A Diamètre de l'arbre d'hélice : _____ Taille du filetage ** : _____

B Longueur du cône d'arbre d'hélice : _____   D profondeur rainure de clavette : _____

C Diamètre de l'embout fileté de l'arbre : _____   W largeur de rainure de clavette : _____

H Hauteur de clavette : _____   W largeur de clavette : _____   L longueur de rainure de clavette : _____

*utiliser les décimales pour les mesures en pouce pour plus de précision

**métrique - écart de filetage
impériale - filetage par pouce

Commentaires : _____

Saildrives

Saildrive bâbord

Marque et modèle : _____

Numéro de série : _____ Date d'installation : _____

Date d'installation/renouvellement du joint de coque : _____

Capacité d'huile pour l'unité inférieure : _____ Litres

Type d'huile – marque et grade : _____

Nombre d'anodes : _____ Type d'anodes : zinc ☐ magnésium ☐ aluminium ☐

Emplacement d'anode : _____ Numéro de référence : _____

Emplacement d'anode : _____ Numéro de référence : _____

Emplacement d'anode : _____ Numéro de référence : _____

Saildrive manuel d'utilisation* ☐   manuel d'entretien ☐   liste de pièces ☐   papier ☐   pdf ☐

*voir liste complète des manuels page 33

Saildrive tribord

Marque et modèle : _____

Numéro de série : _____ Date d'installation : _____

Date d'installation/renouvellement du joint de coque : _____

Capacité d'huile pour l'unité inférieure : _____ Litres

Type d'huile – marque et grade : _____

Nombre d'anodes : _____ Type d'anodes : zinc ☐ magnésium ☐ aluminium ☐

Emplacement d'anode : _____ Numéro de référence : _____

Emplacement d'anode : _____ Numéro de référence : _____

Emplacement d'anode : _____ Numéro de référence : _____

Saildrive manuel d'utilisation* ☐   manuel d'entretien ☐   liste de pièces ☐   papier ☐   pdf ☐

*voir liste complète des manuels page 33

Autres moteurs – générateur, hors-bord, etc.

Motor Marque et modèle : _____ Année : _____

Combustible :   diesel ☐   essence ☐   autre ☐ _____

Nb de série : _____ Puissance (CV kW) : _____ Nb de cylindres : _____

Nb d'heures : _____ Date : _____ Nb d'heures : _____ Date : _____

Sens de rotation : _____ Date de révision/reconstruction : _____

Manuels du moteur   Manuel de l'utilisateur ☐   Manuel atelier ☐   Liste pièces ☐   papier ☐   pdf ☐

Emplacement : _____

voir liste complète des manuels p33

Inventaire

Motor Marque et modèle : _____ Année : _____

Combustible :   diesel ☐   essence ☐   autre ☐ _____

Nb de série : _____ Puissance (CV kW) : _____ Nb de cylindres : _____

Nb d'heures : _____ Date : _____ Nb d'heures : _____ Date : _____

Sens de rotation : _____ Date de révision/reconstruction : _____

Manuels du moteur   Manuel de l'utilisateur ☐   Manuel atelier ☐   Liste pièces ☐   papier ☐   pdf ☐

Emplacement : _____

Commentaires : _____
_____
_____
_____
_____
_____
_____

Liste des pièces de rechange – Matériel d'entretien moteur

pièce	qte	lieu de rangement
filtres à fuel primaire		
filtres à fuel secondaire		
filtres à huile		
courroies		
anodes		
turbines		
huile moteur		
huile de transmission		
liquide de refroidissement		

Liste des pièces de rechange – Pieces moteur

item	
pompe à fuel	
pompe d'injection	
tuyaux d'injecteur (jeu complet)	
injecteurs	
rondelle en cuivre (joint injecteur)	
pompe à eau de mer	
thermostat	
alternateur	
durites	

Manuels

Motor bâbord Manuel de l'utilisateur ☐   Manuel Atelier ☐   Liste pièces ☐

Emplacement : _____ papier ☐ pdf ☐

Motor tribord Manuel de l'utilisateur ☐   Manuel Atelier ☐   Liste pièces ☐

Emplacement : _____ papier ☐ pdf ☐

Transmission bâbord Manuel de l'utilisateur ☐   Manuel Atelier ☐   Liste pièces ☐

Emplacement : _____ papier ☐ pdf ☐

Transmission tribbord Manuel de l'utilisateur ☐   Manuel Atelier ☐   Liste pièces ☐

Emplacement : _____ **Inventaire**

Bâbord Manuels électriques   Accu ☐   Alternateur ☐   Régulateur ☐

Emplacement : _____ papier ☐ pdf ☐

Tribord Manuels électriques   Accu ☐   Alternateur ☐   Régulateur ☐

Emplacement : _____ papier ☐ pdf ☐

Bâbord *Saildrive* Manuel de l'utilisateur ☐

Emplacement : _____ papier ☐ pdf ☐

Tribord *Saildrive* Manuel de l'utilisateur ☐

Emplacement : _____ papier ☐ pdf ☐

Bâbord J*oint d'arbre* ☐   **Tribord J***oint d'arbre* ☐
Manuel de l'utilisateur   Manuel de l'utilisateur

Emplacement : _____ papier ☐ pdf ☐

Bâbord *Hélice*   Manuel de l'utilisateur ☐

Emplacement : _____ papier ☐ pdf ☐

Tribord *Hélice*   Manuel de l'utilisateur ☐

Emplacement : _____ papier ☐ pdf ☐

Autres manuels

Emplacement : _____ papier ☐ pdf ☐

Autres équipements

Autres équipements

Inventaire

Tâches et calendrier d'entretien

TOUS LES JOURS ou avant chaque utilisation	moteur bâbord	moteur tribord
inspection visuelle de la salle des machines		
vérifier la tension de la courroie		
garder les batteries chargées et surveiller le voltage		
vérifier le niveau d'huile moteur		
vérifier le niveau de liquide de refroidissement/antigel et faire l'appoint au besoin		

Voir Schémas d'inspection aux pages 46 à 61

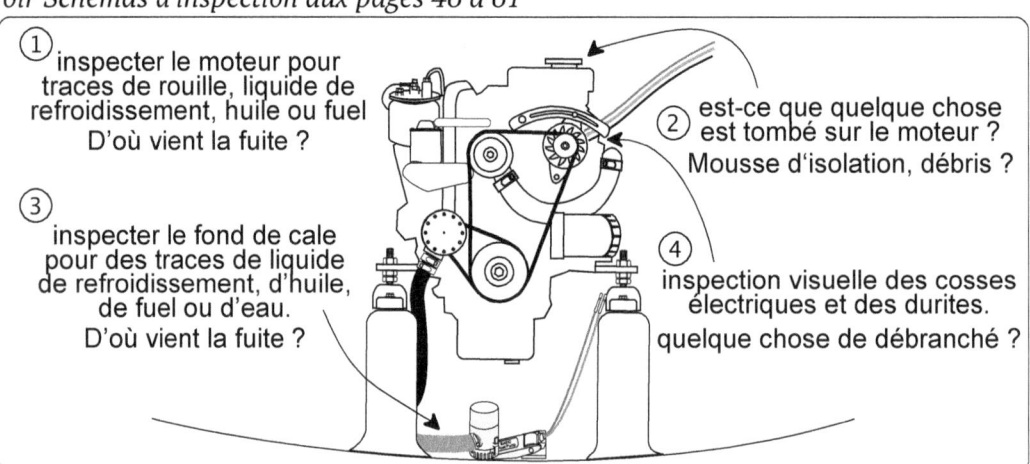

① inspecter le moteur pour traces de rouille, liquide de refroidissement, huile ou fuel
D'où vient la fuite ?

② est-ce que quelque chose est tombé sur le moteur ?
Mousse d'isolation, débris ?

③ inspecter le fond de cale pour des traces de liquide de refroidissement, d'huile, de fuel ou d'eau.
D'où vient la fuite ?

④ inspection visuelle des cosses électriques et des durites.
quelque chose de débranché ?

TOUTES LES SEMAINES	moteur bâbord	moteur tribord
vérifier le niveau du liquide de transmission		
inspecter les durites et les colliers de serrage		
installer et inspecter les protections anti-frottement		
inspecter la ou les courroies		
inspecter l'état du liquide de refroidissement		
diagnostic à la jauge – huile moteur		
diagnostic à la jauge – liquide de transmission		
vérifier le voltage sur circuit ouvert de la batterie avec un multimètre		

Marine Diesel Basics 1 montre comment accomplir toutes ces tâches avec des illustrations claires et un texte simple

TOUS LES MOIS	moteur bâbord	moteur tribord
inspecter les poulies (réas)		
vérifier l'alignement des courroies et des poulies		
ajuster l'alignement de la poulie, au besoin		
serrer les courroies de l'alternateur et de la pompe à eau, au besoin		
nettoyer autour des injecteurs et de la pompe d'injection		
vérifier l'anti-siphon et le rincer si nécessaire		

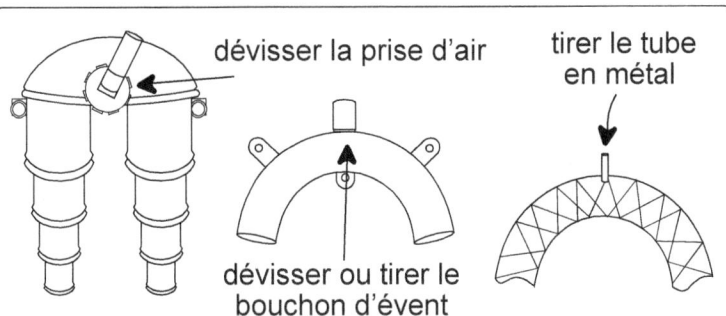

Un anti-siphon bouché peut permettre à l'eau de mer de remplir le moteur

Liste des contrôles d'entretien

	moteur bâbord	moteur tribord
vérifier et nettoyer le filtre à air (si nécessaire)		
resserrer les connexions des bornes de batteries		
nettoyez le dessus et les bornes des batteries		
vérifier les niveaux d'électrolyte dans les batteries à cellules humides		
nettoyer l'hélice, la chaise d'arbre et l'arbre (si nécessaire)		

TÂCHES DES 3 MOIS	moteur bâbord	moteur tribord
inspecter la nable à fuel		
ajouter du biocide au(x) réservoir(s) de fuel, lors du remplissage		
vérifier la ventilation dans la salle des machines		
vérifier l'accouplement entre la transmission & l'arbre d'hélice		
inspecter le presse-étoupe		

CHAQUE SAISON	moteur bâbord	moteur tribord
changer l'huile moteur et le filtre (voir le manuel du moteur)		
changer le liquide de transmission		
vérifier l'état des supports moteur		
graisser les extrémités des câbles de commande et les filetages des supports moteur		
vérifier la pompe d'injection et son niveau d'huile (si une jauge est installée)		

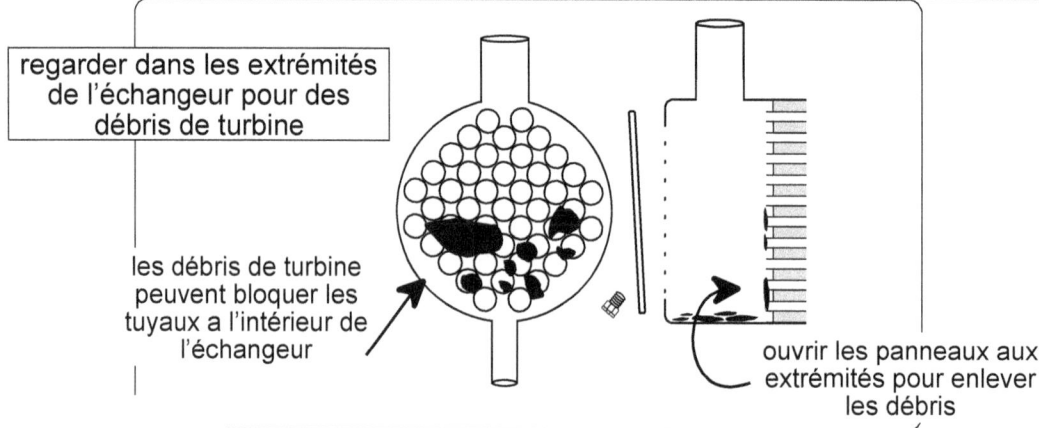

regarder dans les extrémités de l'échangeur pour des débris de turbine

les débris de turbine peuvent bloquer les tuyaux a l'intérieur de l'échangeur

ouvrir les panneaux aux extrémités pour enlever les débris

TÂCHES DES 6 MOIS	moteur bâbord	moteur tribord
vérifier et changer les anodes de l'échangeur		
inspecter l'anode de l'hélice		
inspecter l'anode sur une hélice en drapeau		

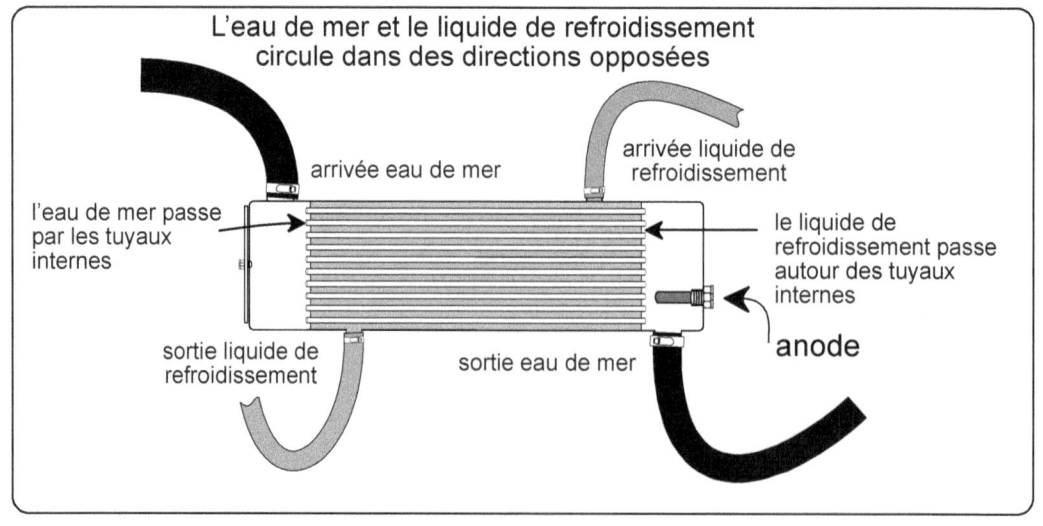

L'eau de mer et le liquide de refroidissement circule dans des directions opposées

arrivée eau de mer

arrivée liquide de refroidissement

l'eau de mer passe par les tuyaux internes

le liquide de refroidissement passe autour des tuyaux internes

sortie liquide de refroidissement

sortie eau de mer

anode

TOUS LES ANS	moteur bâbord	moteur tribord
changer le filtre à fuel primaire (séparateur - utiliser un filtre de 10 microns)		
changer le filtre à fuel secondaire (utiliser un filtre de 2 microns)		
purger le système de carburant (au besoin)		
vérifiez que le ou les réservoirs de fuel ne soient pas contaminés		
lubrifier la fente de la clé de contact		
nettoyer le passe coque de prise d'eau mer		
vérifier les pinoches attachées au vannes		

Voir Schémas d'inspection aux pages 46 - 61

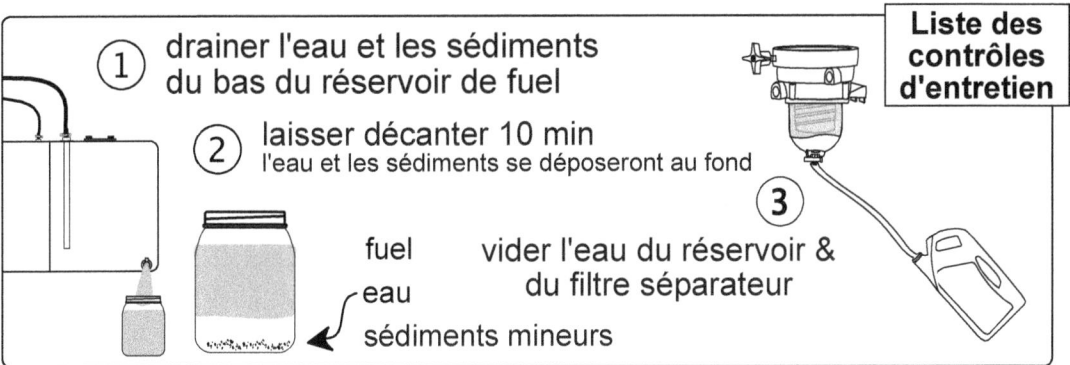

Liste des contrôles d'entretien

① drainer l'eau et les sédiments du bas du réservoir de fuel

② laisser décanter 10 min
l'eau et les sédiments se déposeront au fond

③ vider l'eau du réservoir & du filtre séparateur

fuel
eau
sédiments mineurs

vérifier que les vannes de coque s'ouvrent/se ferment normalement		
inspecter le filtre à eau de mer (l'assemblage complet, pas seulement le panier)		
inspecter la turbine en caoutchouc de la pompe à eau de mer		
inspecter et réparer l'isolation sonore		
effectuer un test de charge pour chaque batterie 12 volts		
inspecter l'arbre d'hélice		
inspecter la bague hydrolube		
inspecter la chaise d'arbre		
inspecter l'hélice		

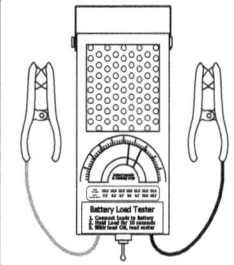 Un testeur de charge mesure à quel point une batterie fonctionne sous charge. Une batterie de 12 volt peut paraître complètement chargée (12.65v) mais ne pas être capable de lancer le moteur en raison d'une réduction de capacité, généralement due à la sulfatation.

Le voltage d'une batterie complètement chargée en bon l'état ne devrait baisser que lentement ou presque pas lorsqu'elle est sous charge pendant 10 secondes.

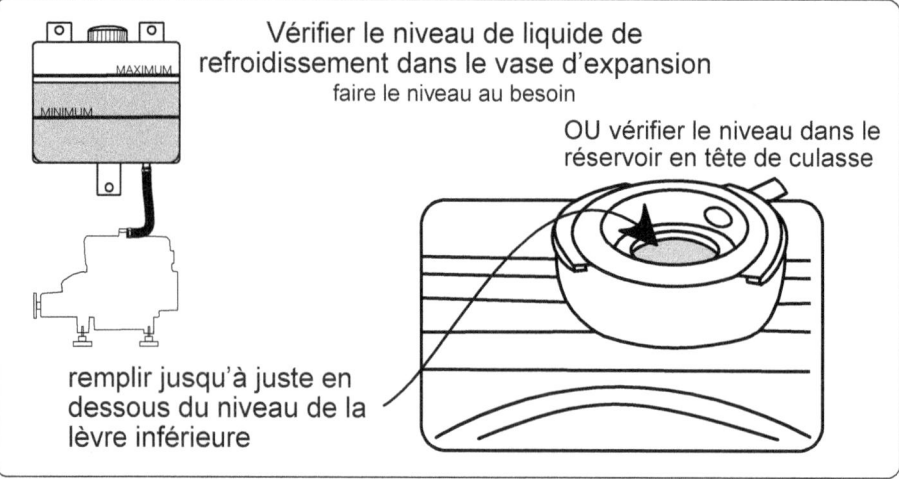

Vérifier le niveau de liquide de refroidissement dans le vase d'expansion
faire le niveau au besoin

OU vérifier le niveau dans le réservoir en tête de culasse

remplir jusqu'à juste en dessous du niveau de la lèvre inférieure

TOUS LES 1 OU 2 ANS	moteur bâbord	moteur tribord
vidanger et remplacer le liquide de refroidissement usé		
vérifier les passages intérieurs de la colonne montante d'échappement (échappement humide)		
graisser l'hélice en drapeau		

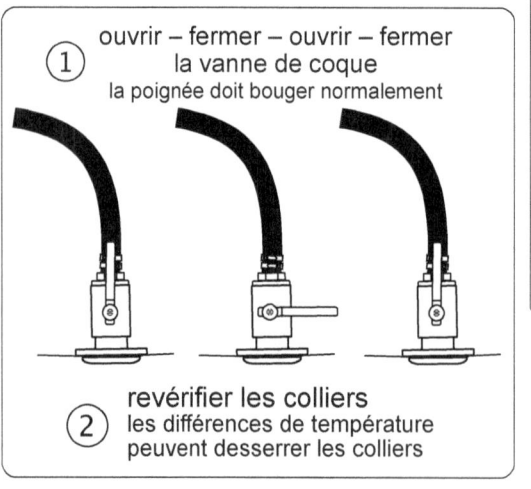

① ouvrir – fermer – ouvrir – fermer la vanne de coque
la poignée doit bouger normalement

② revérifier les colliers
les différences de température peuvent desserrer les colliers

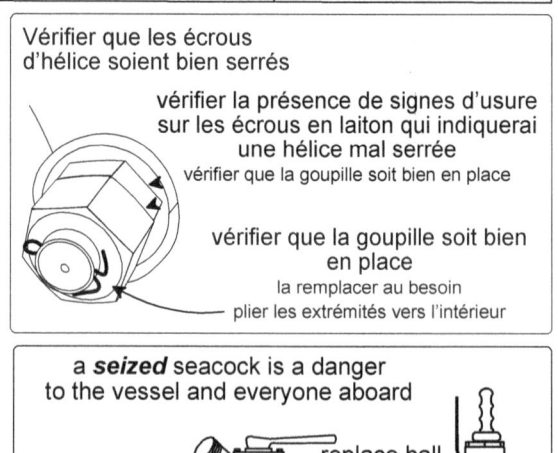

Vérifier que les écrous d'hélice soient bien serrés

vérifier la présence de signes d'usure sur les écrous en laiton qui indiquerai une hélice mal serrée
vérifier que la goupille soit bien en place

vérifier que la goupille soit bien en place
la remplacer au besoin
plier les extrémités vers l'intérieur

a *seized* seacock is a danger to the vessel and everyone aboard

tapered seacock can be serviced

replace ball valve seacock

Marine Diesel Basics 1 montre comment accomplir toutes ces tâches avec des illustrations claires et un texte simple

Saildrives – Tâches et calendrier d'entretien

TOUS LES JOURS ou avant chaque utilisation	moteur bâbord	moteur tribord
vérifier le niveau d'huile du saildrive et faire l'appoint		

TOUS LES MOIS	moteur bâbord	moteur tribord
inspecter la peinture et retoucher au besoin		
nettoyer l'entrée d'eau de mer		

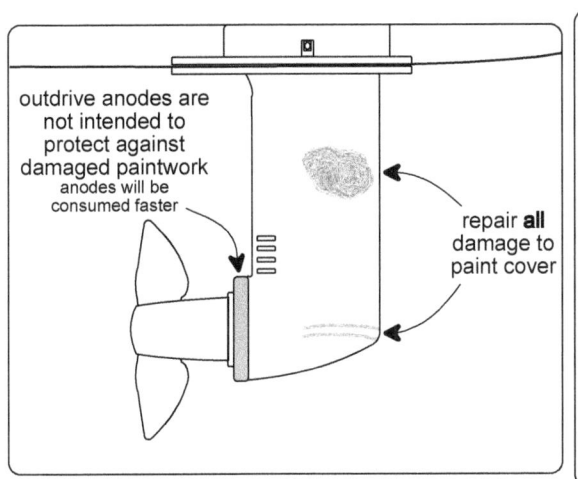
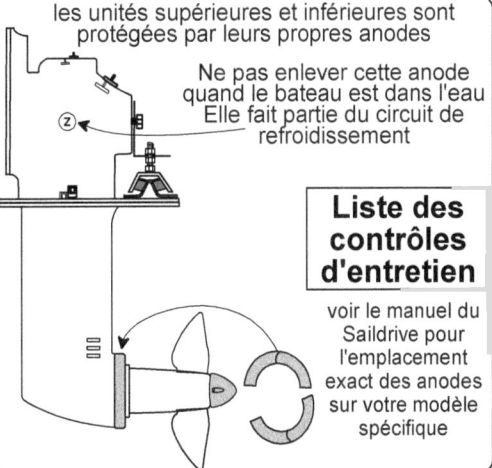

Liste des contrôles d'entretien

voir le manuel du Saildrive pour l'emplacement exact des anodes sur votre modèle spécifique

100 - 250 heures*	moteur bâbord	moteur tribord
changer l'huile de l'unité inférieure		
purger l'air de la jauge		

* suivre les recommandations du fabricant dans le manuel

TOUS LES SIX MOIS	moteur bâbord	moteur tribord
inspecter les anodes du saildrive		

TOUS LES ANS	moteur bâbord	moteur tribord
inspecter la bague d'étanchéité extérieure		
inspecter la bague d'étanchéité intérieure et l'alarme du capteur d'eau		
inspecter l'hélice		
graisser l'hélice en drapeau		

Notes d'entretien

Notes d'entretien

Liste des contrôles d'entretien

Notes d'entretien

Notes d'entretien

Liste des contrôles d'entretien

L'inspection est la mère de la prévention

Liste des inspections

Inspection de la nable de fuel 46
Diagnostic à la jauge – huile moteur 47
Diagnostic à la jauge – liquide de transmission automatique 48
Inspection des durites et colliers de serrage 49
Position correcte pour le contrôle du niveau d'huile d'inverseur 49
Inspection du câblage et des cosses 50
Inspection d'une turbine en caoutchouc 51
Inspection de la pompe à eau de mer 51
Inspections des anodes 52
Inspection du liquide de refroidissement 52
Protection contre les frottements à l'aide de vieux tuyaux 52
Inspection des courroies 53
Inspection de la tension de la courroie 54
Inspection des poulies 55
Inspection de l'accouplement d'arbre 56
Inspection de l'arbre d'hélice 57
Inspection de tension de courroie 57
Inspection des joint d'arbre d'hélice 58
Inspecter la durite d'un presse étoupe traditionnel 58
Inspection de la bague hydrolube 59
Inspection de la chaise d'arbre 60
Inspection de l'hélice 60
Saildrive – Inspection de la bague d'étanchéité en caoutchouc intérieure 61
Saildrive – Joint étanche (anneau d'étanchéité en caoutchouc intérieur) 61

Inspection de la nable de fuel

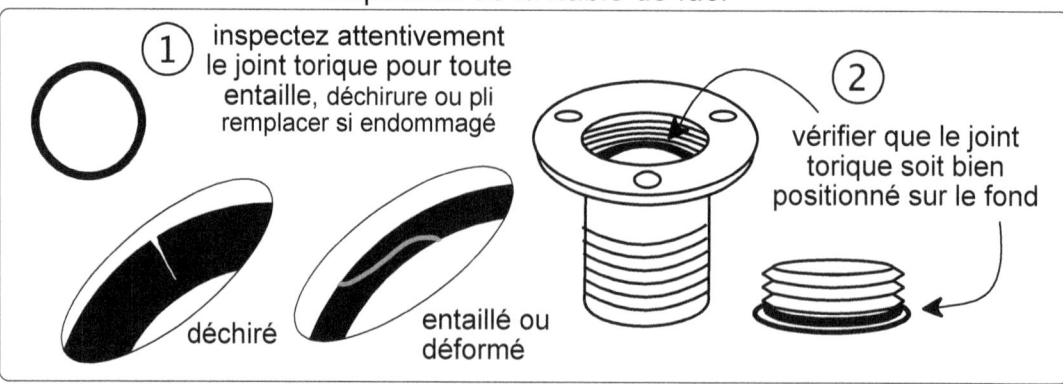

Inspections du système diesel
Diagnostic à la jauge - huile moteur

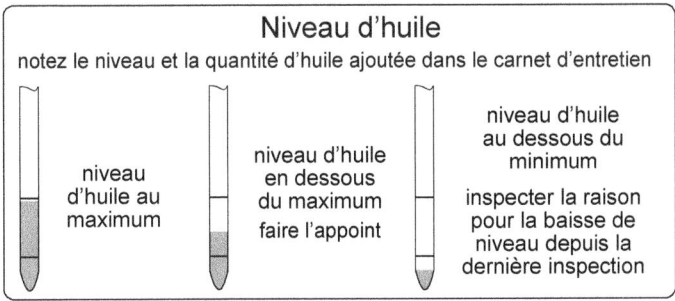

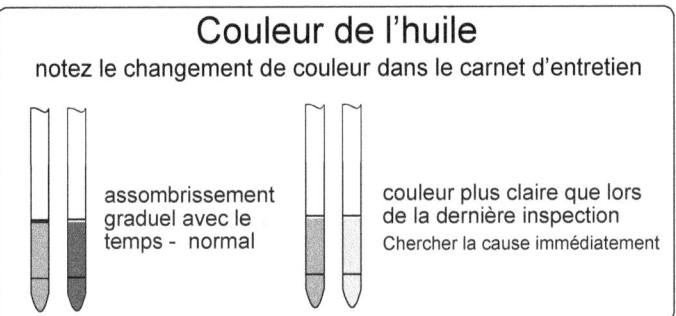

Inspections

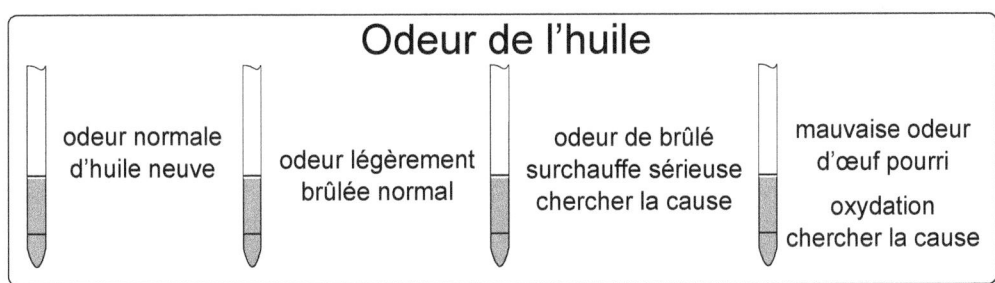

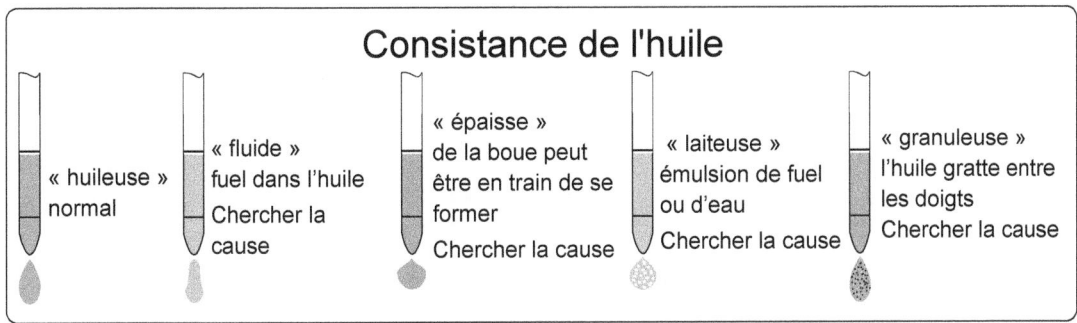

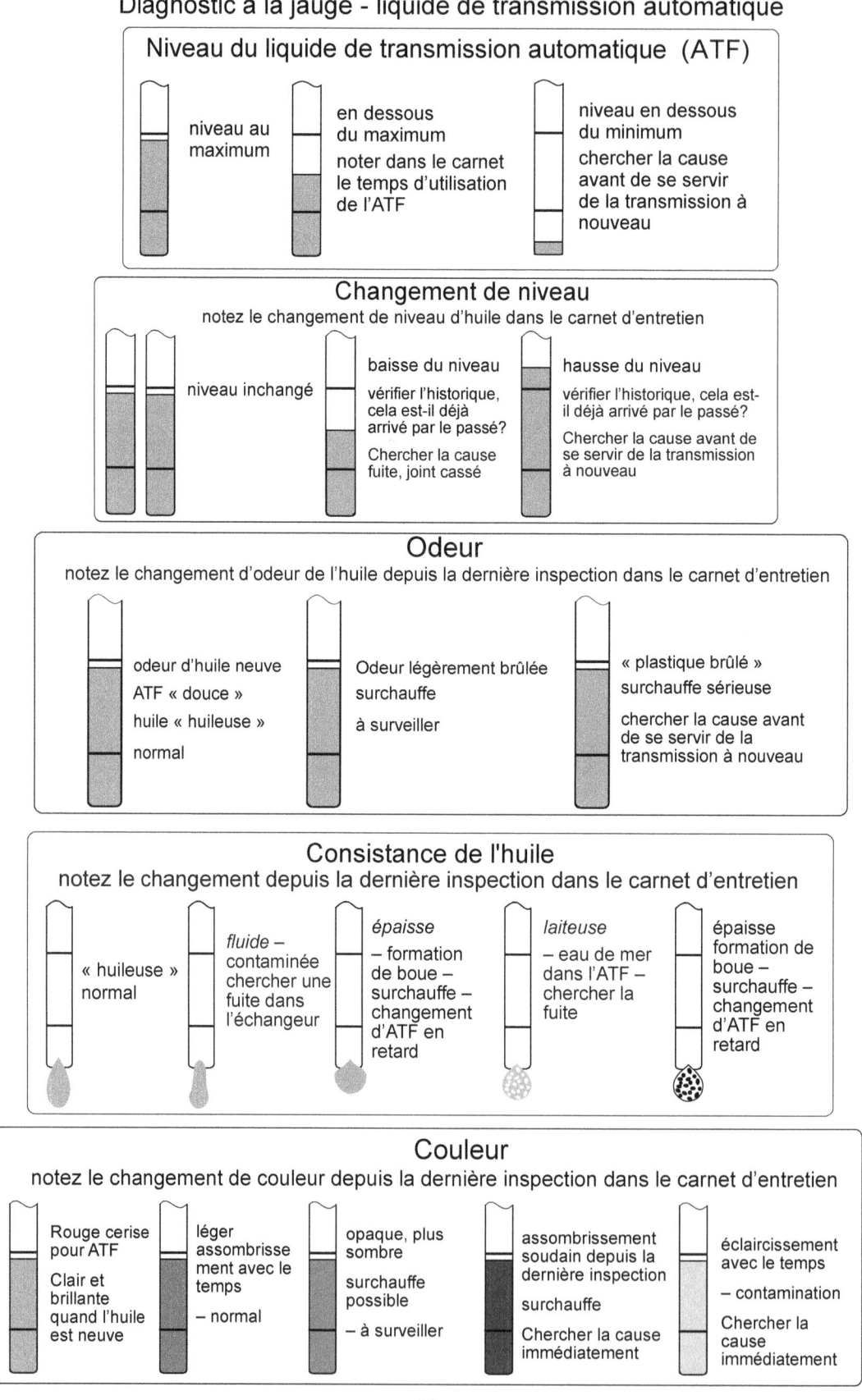

Position correcte pour le contrôle du niveau d'huile d'inverseur

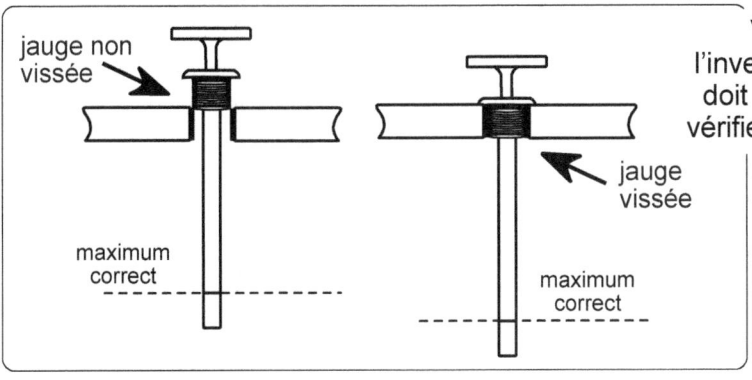

Vérifier le manuel de l'inverseur pour déterminer si doit être vissée ou pas pour vérifier le niveau correct d'ATF

Inspection des durites et colliers de serrage

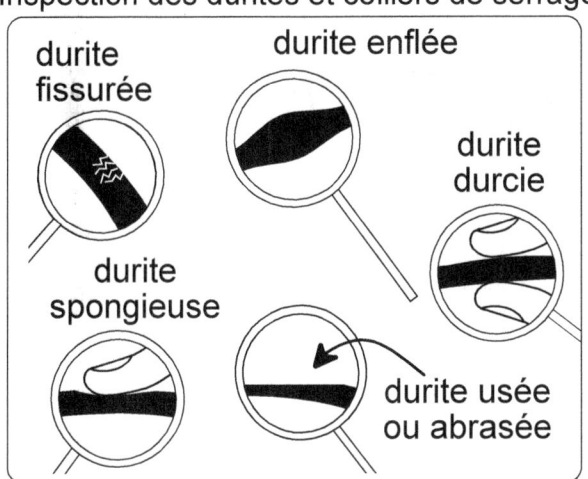

Inspections

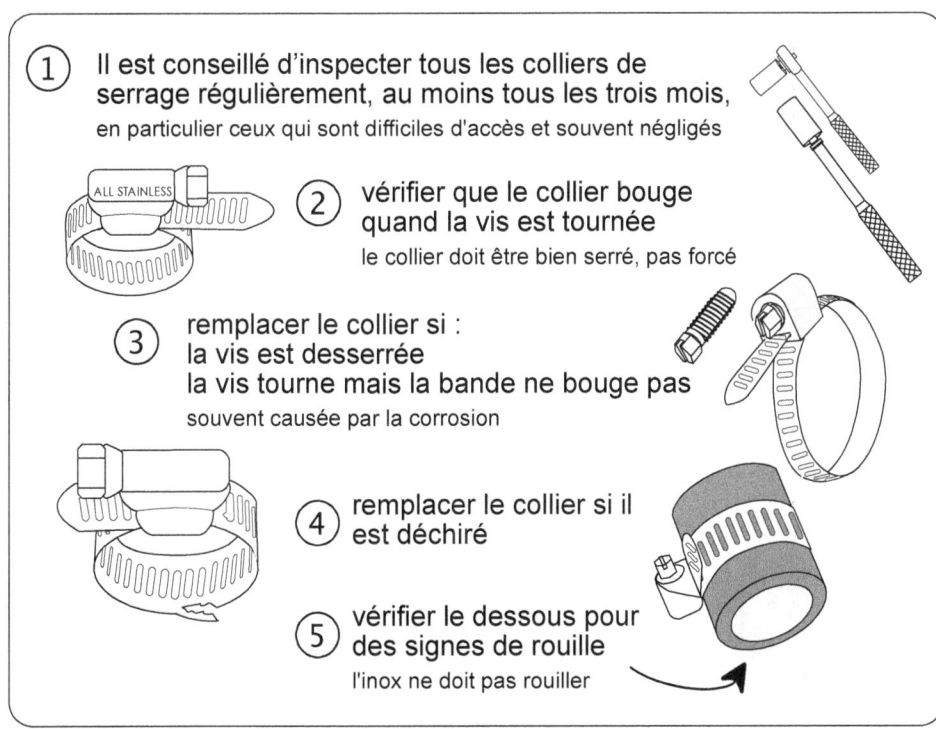

① Il est conseillé d'inspecter tous les colliers de serrage régulièrement, au moins tous les trois mois,
en particulier ceux qui sont difficiles d'accès et souvent négligés

② vérifier que le collier bouge quand la vis est tournée
le collier doit être bien serré, pas forcé

③ remplacer le collier si :
la vis est desserrée
la vis tourne mais la bande ne bouge pas
souvent causée par la corrosion

④ remplacer le collier si il est déchiré

⑤ vérifier le dessous pour des signes de rouille
l'inox ne doit pas rouiller

Inspection du câblage et des cosses

Les fils endommagés causent des problèmes :
- corrosion
- résistance électrique
- affaiblissement des brins de fil
- possibilité de fuite de masse
- pannes électriques
- pannes intermittentes

Il est recommandé d'utiliser du câblage de qualité marine, tirer les câbles avec attention, avec des soutiens, et protéger du fuel, de l'huile et de la graisse

le gasoil, l'huile et la graisse affaiblissent l'isolation
garder les câbles propres

coupures, entailles et fentes
laissent entrer l'humidité
sources de courant vagabond
& pannes intermittentes

brins errants
source de courant vagabond
& pannes intermittentes

fissures laissent entrer l'humidité
Causées par le vieillissement ou la chaleur

les frottements et l'abrasion
passent souvent inaperçus
Inspecter au touché
Installer des protections contre les frottements

fonte
contact avec l'échappement
surchauffe du moteur
fil trop petit pour l'ampérage
charge excessive
trop forte résistance

---

l'utilisation d'un câblage de mauvaise qualité et les mauvaises pratiques d'installation rendent les problèmes inévitables en milieu marin

l'absence de gaine thermorétractable permet à l'humidité de s'infiltrer entre les brins, ce qui augmente la résistance

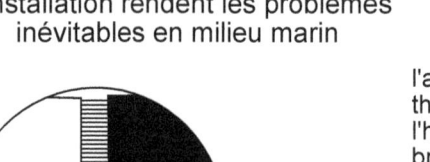

écart – mauvaise installation
permet à l'humidité de pénétrer
les fils fléchissent au point faible

brins errants - mauvaise installation provoque des pannes intermittentes et des courant vagabond couper et couvrir avec du scotch électrique

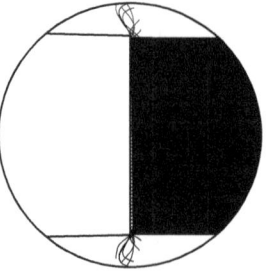

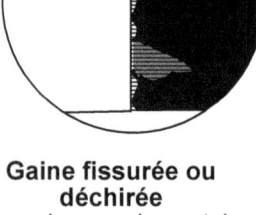

Gaine fissurée ou déchirée
couvrir avec du scotch électrique
Remplacer le câble

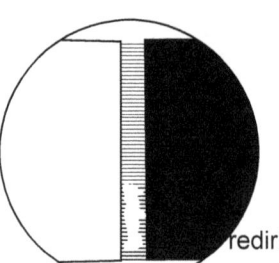

Brins cassés
contrainte sur le fil ou vibration
rediriger le câble, lui donner plus de support
ou le remplacer par un fil plus long

Inspection de la pompe à eau de mer

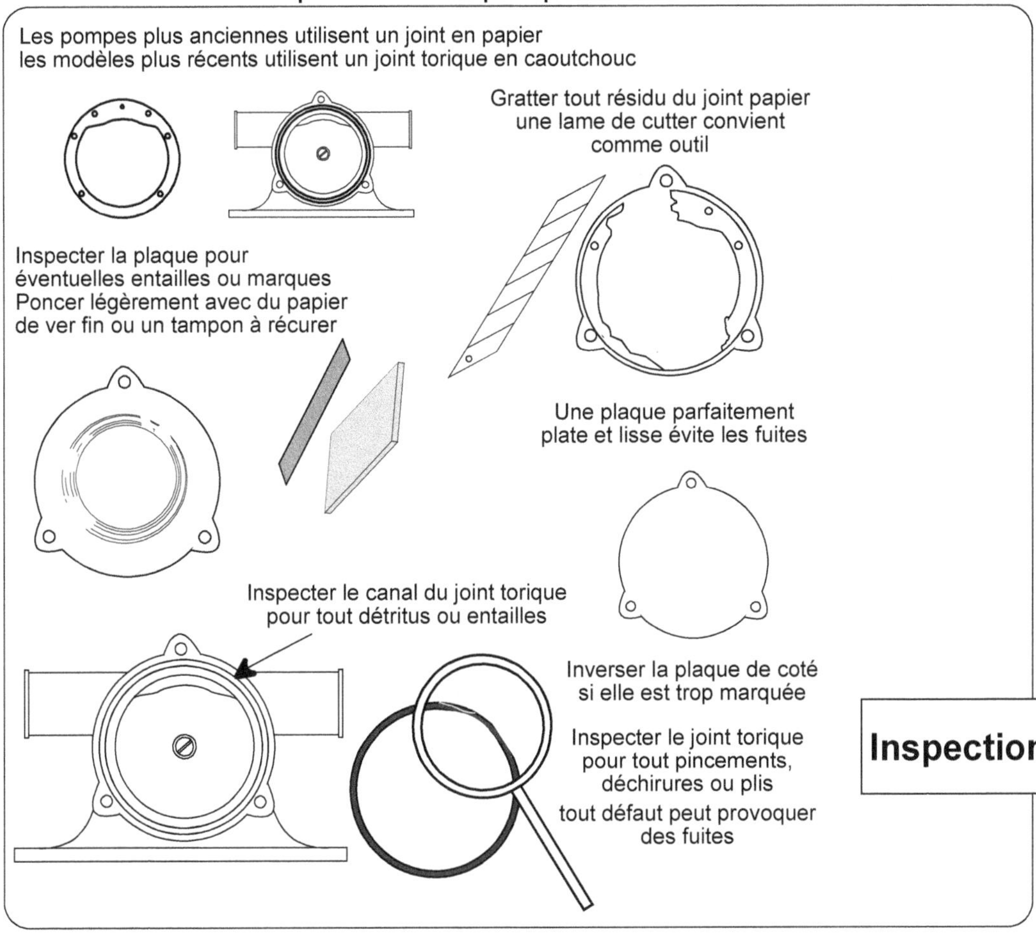

Les pompes plus anciennes utilisent un joint en papier
les modèles plus récents utilisent un joint torique en caoutchouc

Gratter tout résidu du joint papier
une lame de cutter convient
comme outil

Inspecter la plaque pour
éventuelles entailles ou marques
Poncer légèrement avec du papier
de ver fin ou un tampon à récurer

Une plaque parfaitement
plate et lisse évite les fuites

Inspecter le canal du joint torique
pour tout détritus ou entailles

Inverser la plaque de coté
si elle est trop marquée

Inspecter le joint torique
pour tout pincements,
déchirures ou plis
tout défaut peut provoquer
des fuites

Inspections

Inspection d'une turbine en caoutchouc

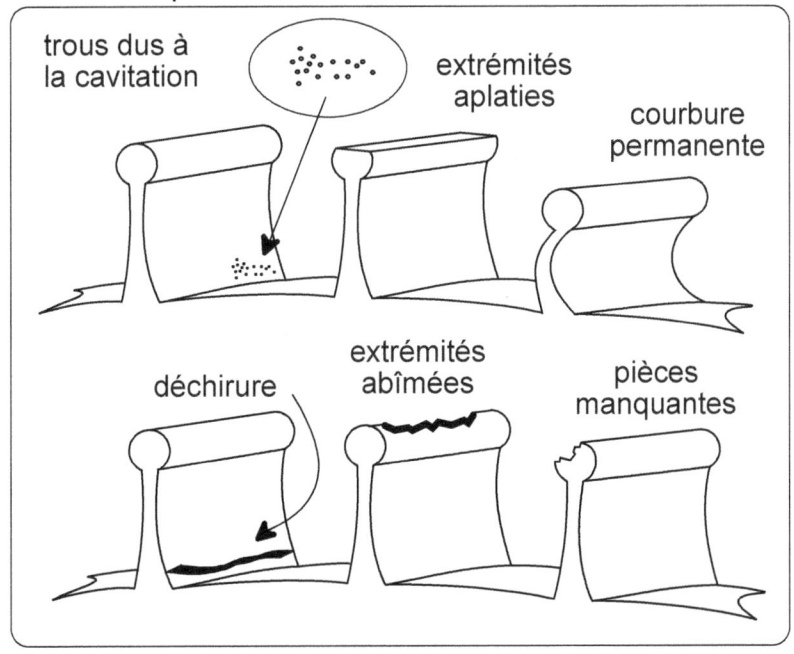

trous dus à la cavitation
extrémités aplaties
courbure permanente
déchirure
extrémités abîmées
pièces manquantes

Inspections des anodes

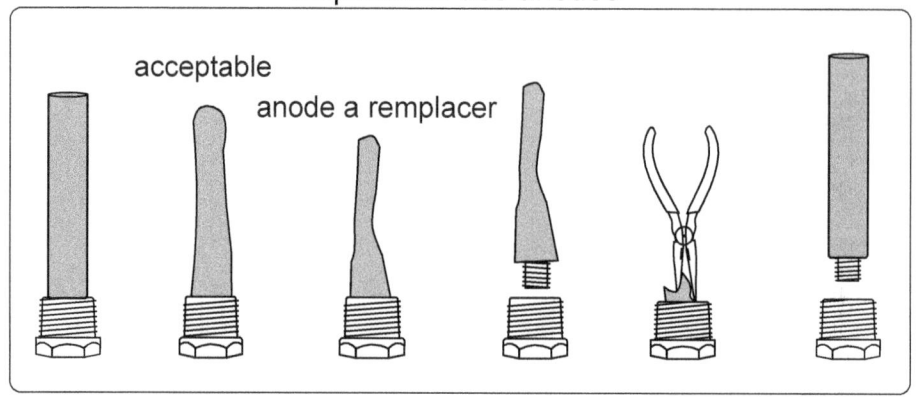

acceptable
anode a remplacer

Protection contre les frottements à l'aide de vieux tuyaux

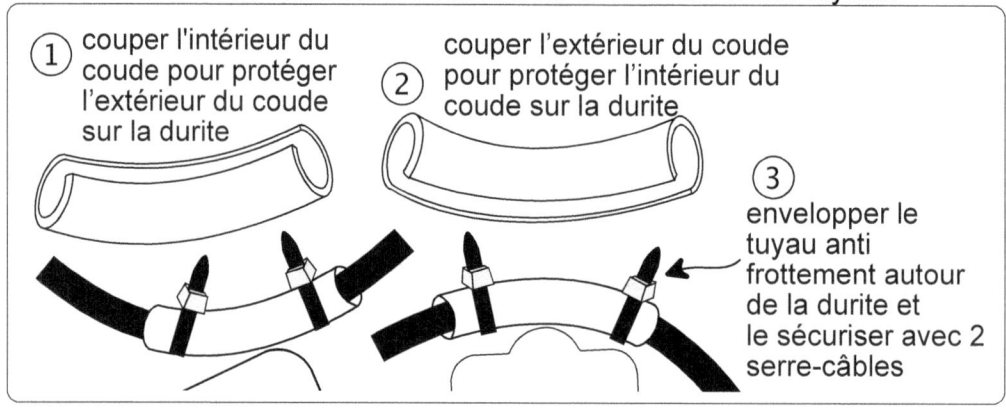

① couper l'intérieur du coude pour protéger l'extérieur du coude sur la durite

② couper l'extérieur du coude pour protéger l'intérieur du coude sur la durite

③ envelopper le tuyau anti frottement autour de la durite et le sécuriser avec 2 serre-câbles

Inspection du liquide de refroidissement

Clarté		Action requise
clair	normal	
opaque	mélange de différent liquides	vidanger, rincer et utiliser du liquide de refroidissement neuf
Couleur		
claire, brillante	normal	
brune	mélange de différent liquides	vidanger, rincer et utiliser du liquide de refroidissement neuf
Contamination		
sédiments	précipité des additifs, rouille, tarte calcaire	vidanger, rincer et utiliser du liquide de refroidissement neuf
présence d'huile	fuite d'huile moteur dans le liquide de refroidissement	vérifier l'échangeur fuite au niveau d'un cylindre fuite du joint de culasse

Inspection des courroies

la tension correcte et l'alignement sont essentiels à une longue durée de vie de la courroie

exemple d'une courroie trapézoïdale
les profils sont très variés et doivent correspondre à la poulie

poussière de courroie et dommages à la courroie sont des signes de mauvaise tension ou de désalignement

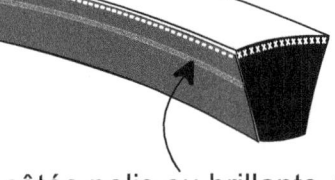

côtés polis ou brillants. La courroie glisse remplacer la courroie et gratter les parois de la poulie pour les rendre rugueuses

tissu exposé
usure inégale
remplacer la courroie

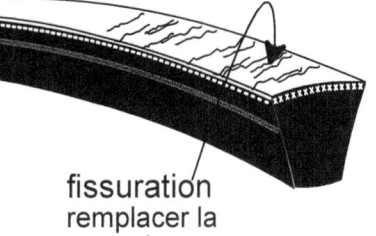

fissuration
remplacer la courroie

déchirure du bord supérieur
la courroie est trop profondément dans la poulie remplacer la courroie

Inspections

échantillon de courroie trapézoïdale nervurée. Les profils sont très variés et doivent correspondre exactement à la poulie

usure du bas de la courroie
remplacer la courroie

déchirure du bord supérieur
remplacer la courroie

crans usés ou manquant
remplacer la courroie

Inspection de la tension de la courroie

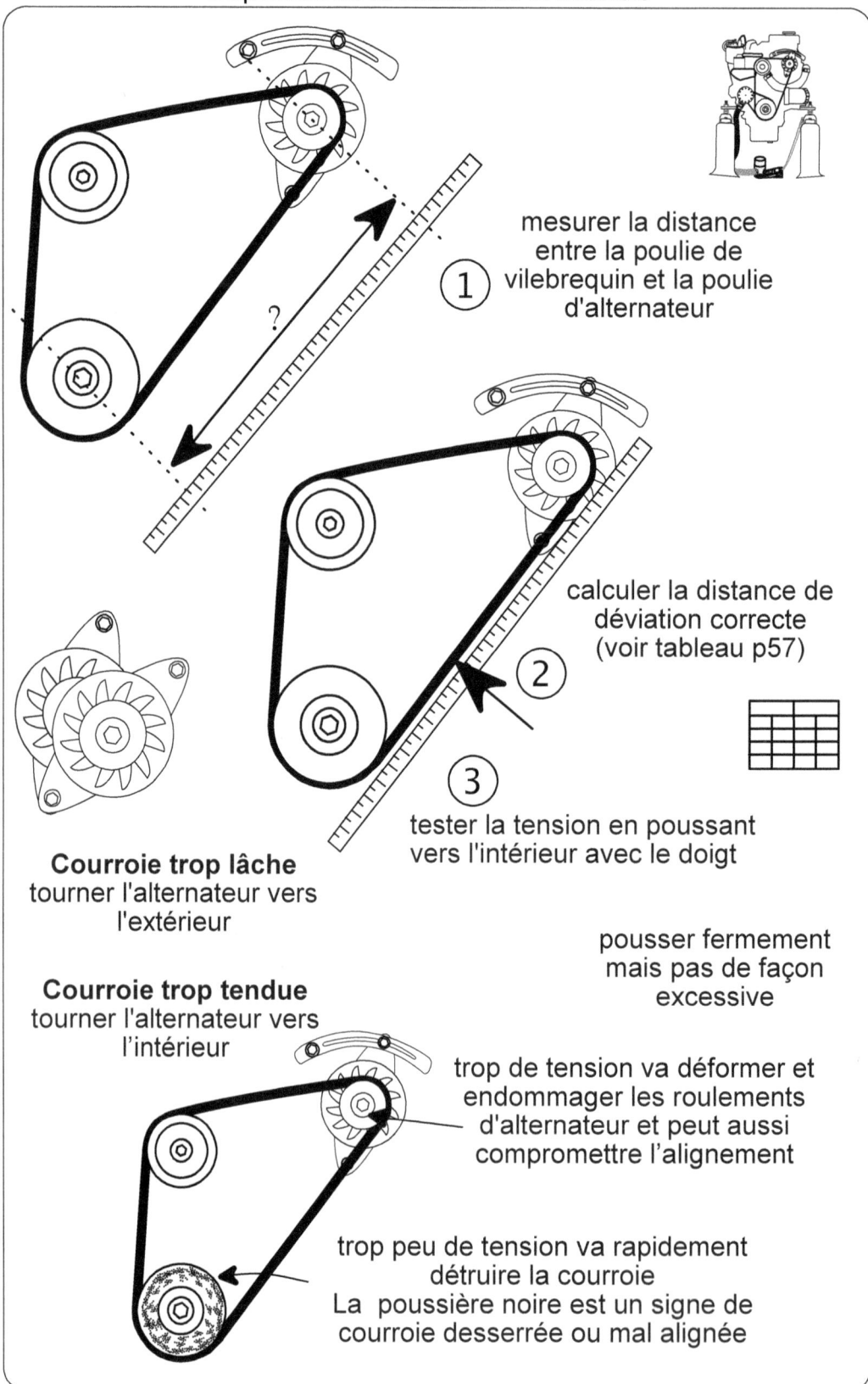

① mesurer la distance entre la poulie de vilebrequin et la poulie d'alternateur

② calculer la distance de déviation correcte (voir tableau p57)

③ tester la tension en poussant vers l'intérieur avec le doigt

pousser fermement mais pas de façon excessive

Courroie trop lâche
tourner l'alternateur vers l'extérieur

Courroie trop tendue
tourner l'alternateur vers l'intérieur

trop de tension va déformer et endommager les roulements d'alternateur et peut aussi compromettre l'alignement

trop peu de tension va rapidement détruire la courroie
La poussière noire est un signe de courroie desserrée ou mal alignée

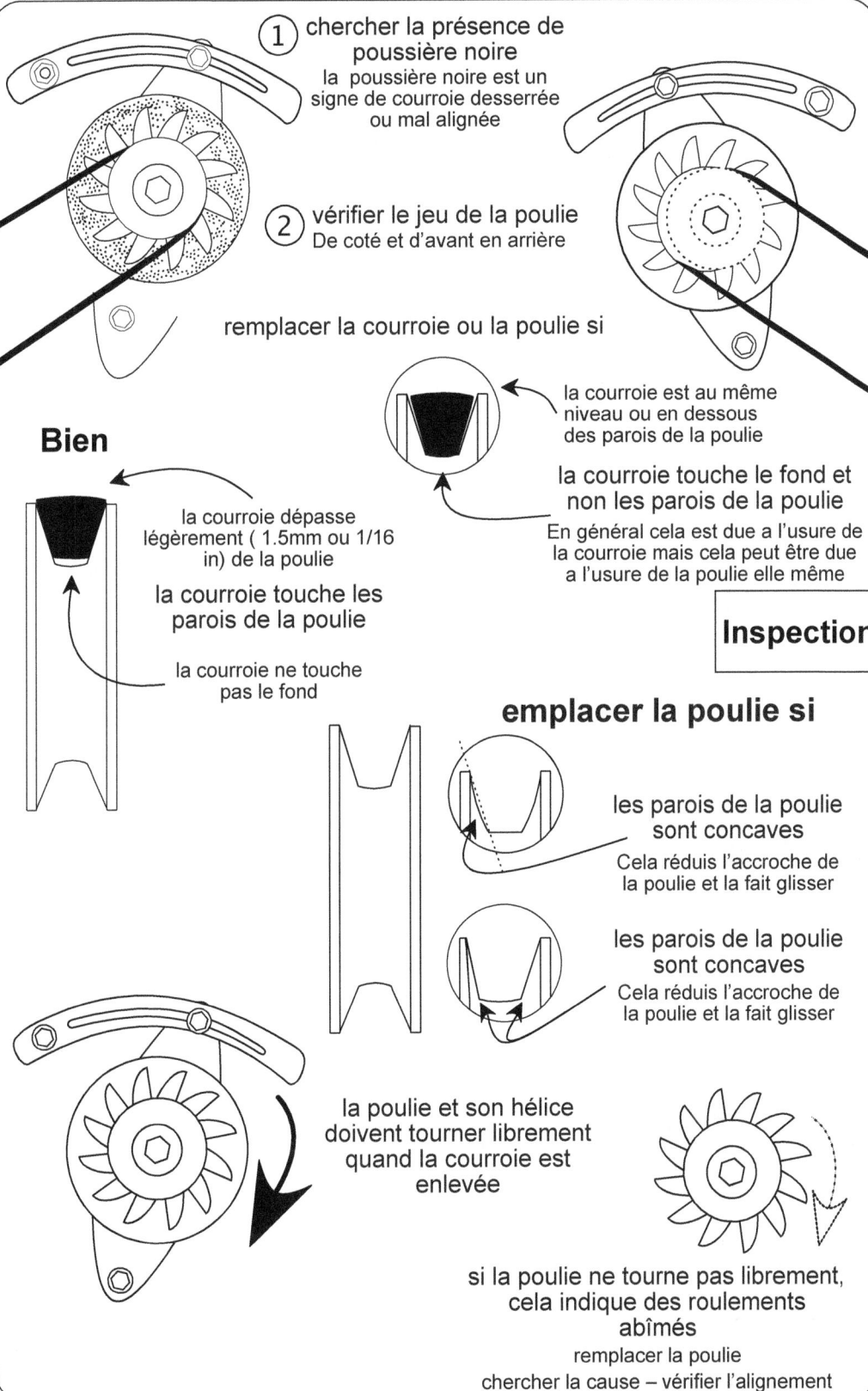

Inspection de l'accouplement d'arbre

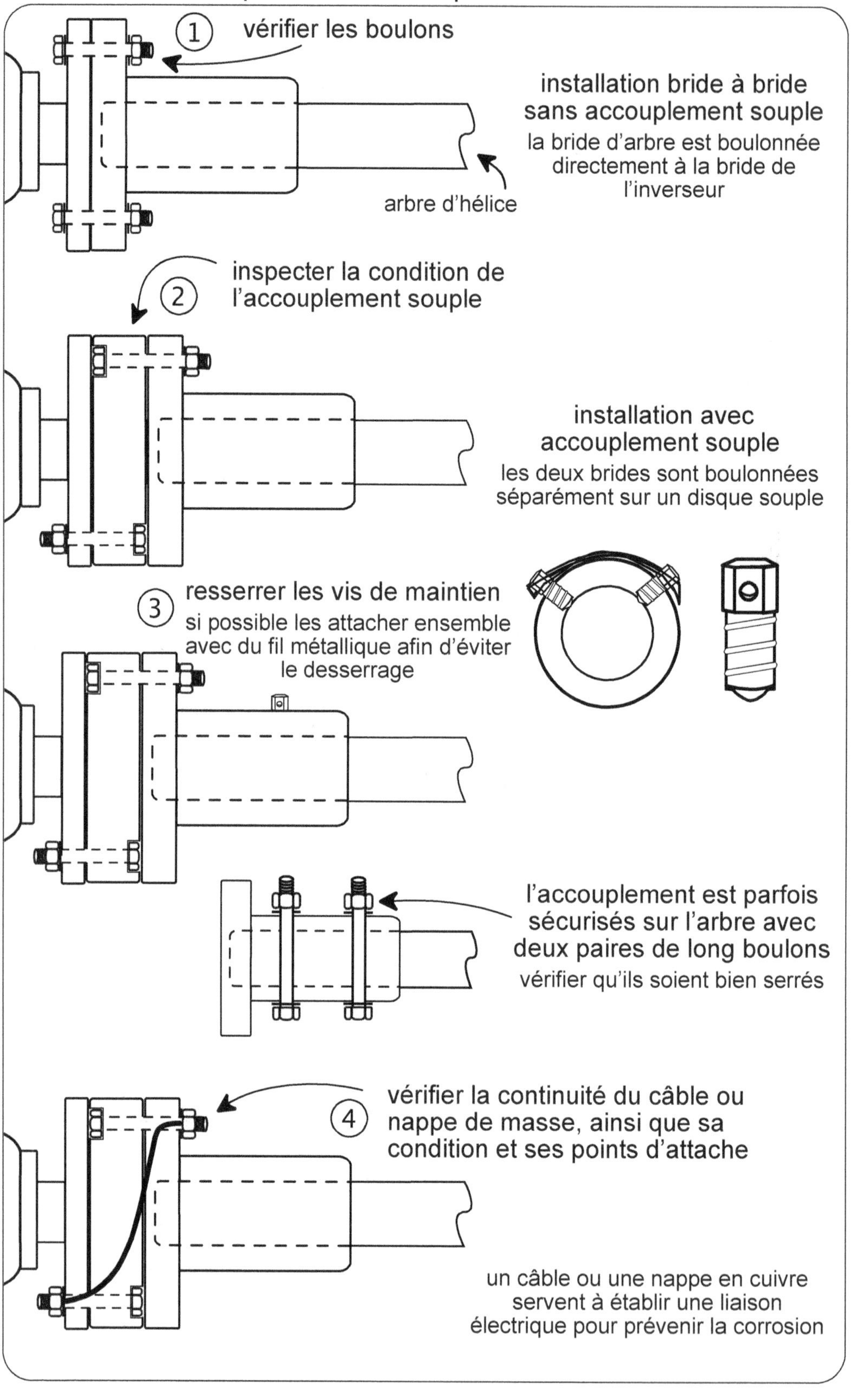

① vérifier les boulons

installation bride à bride sans accouplement souple
la bride d'arbre est boulonnée directement à la bride de l'inverseur

arbre d'hélice

② inspecter la condition de l'accouplement souple

installation avec accouplement souple
les deux brides sont boulonnées séparément sur un disque souple

③ resserrer les vis de maintien
si possible les attacher ensemble avec du fil métallique afin d'éviter le desserrage

l'accouplement est parfois sécurisés sur l'arbre avec deux paires de long boulons
vérifier qu'ils soient bien serrés

④ vérifier la continuité du câble ou nappe de masse, ainsi que sa condition et ses points d'attache

un câble ou une nappe en cuivre servent à établir une liaison électrique pour prévenir la corrosion

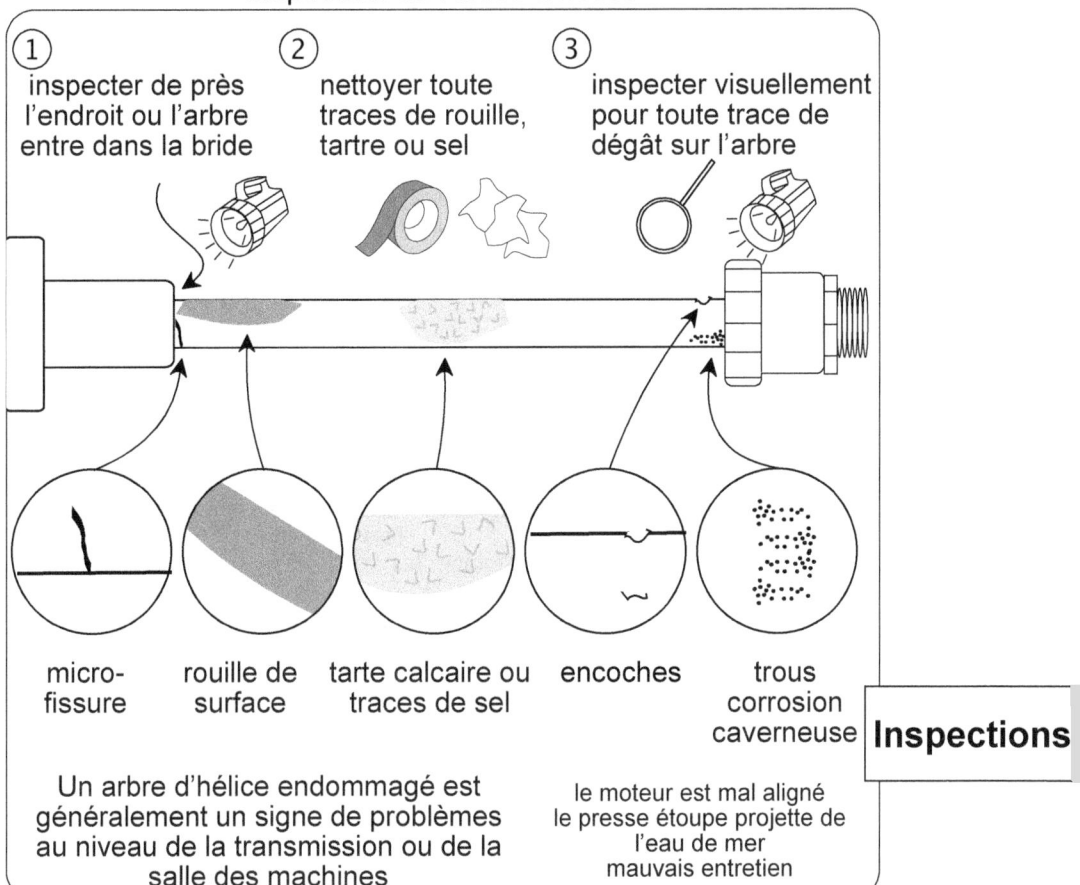

Inspection de tension de courroie

pousser fermement le milieu de la courroie avec le doigt

distance entre les poulies		déviation de la courroie	
cm	pouces	mm	fraction
30	12	2 mm	3/16"
35	14	5 mm	1/4"
40	16	6.5 mm	1/4"
45	18	7.5 mm	9/32"

Inspection des joint d'arbre d'hélice

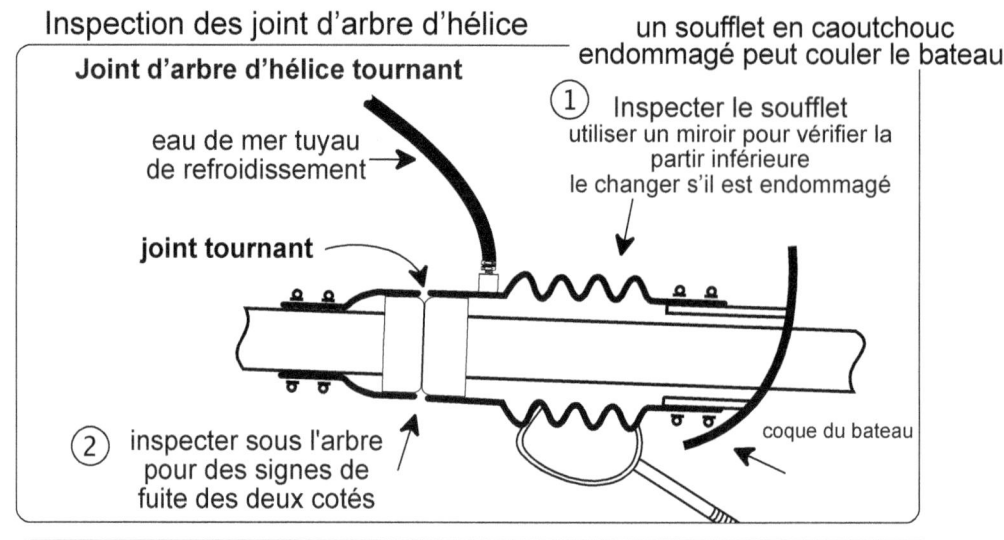

Inspecter la durite d'un presse étoupe traditionnel

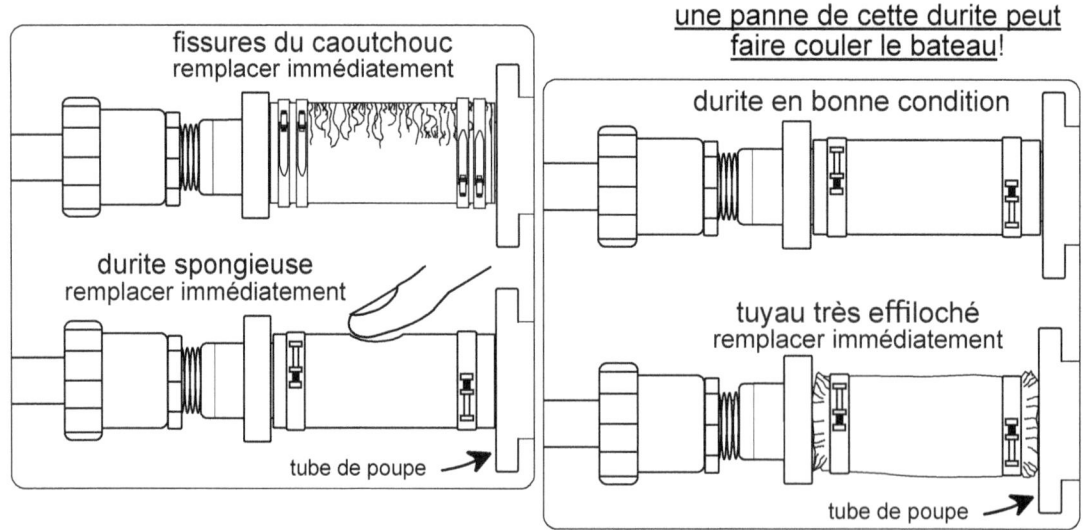

Inspection de la bague hydrolube

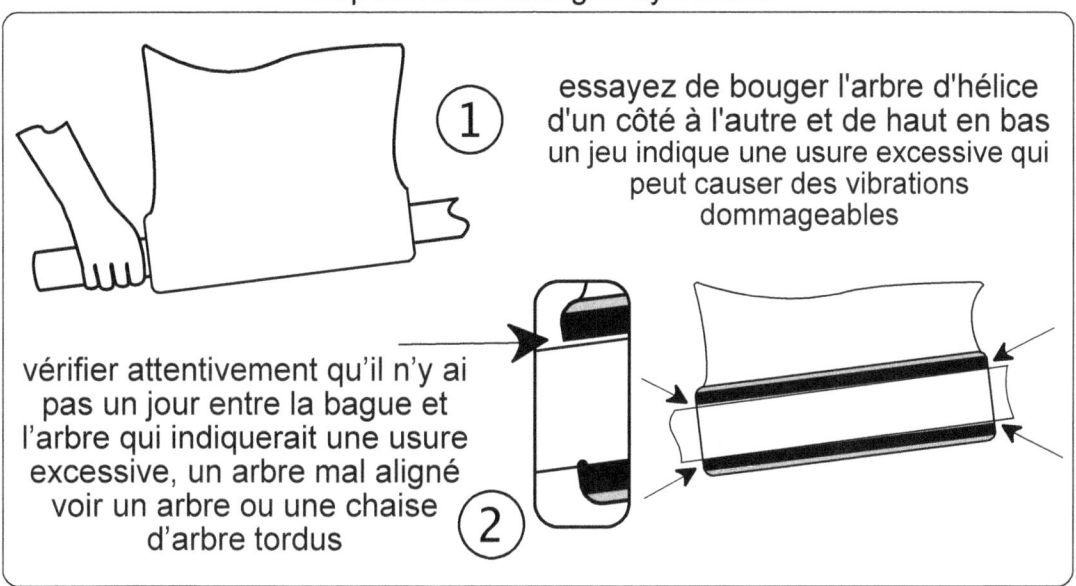

① essayez de bouger l'arbre d'hélice d'un côté à l'autre et de haut en bas un jeu indique une usure excessive qui peut causer des vibrations dommageables

vérifier attentivement qu'il n'y ai pas un jour entre la bague et l'arbre qui indiquerait une usure excessive, un arbre mal aligné voir un arbre ou une chaise d'arbre tordus ②

Inspections

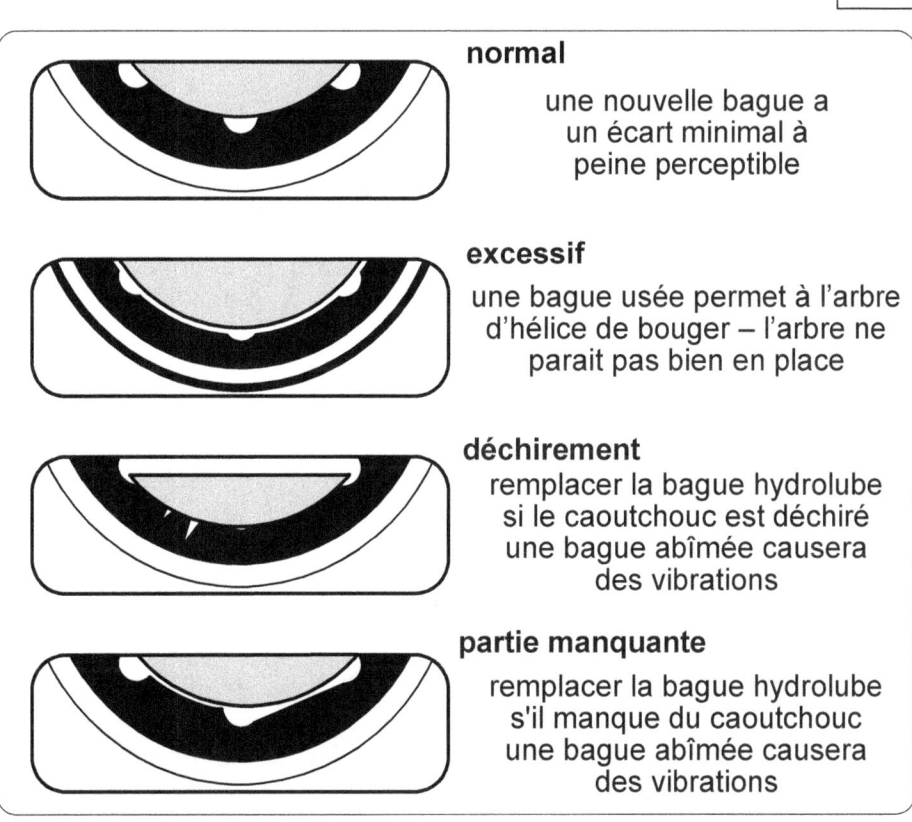

normal
une nouvelle bague a un écart minimal à peine perceptible

excessif
une bague usée permet à l'arbre d'hélice de bouger – l'arbre ne parait pas bien en place

déchirement
remplacer la bague hydrolube si le caoutchouc est déchiré une bague abîmée causera des vibrations

partie manquante
remplacer la bague hydrolube s'il manque du caoutchouc une bague abîmée causera des vibrations

Inspection de la chaise d'arbre

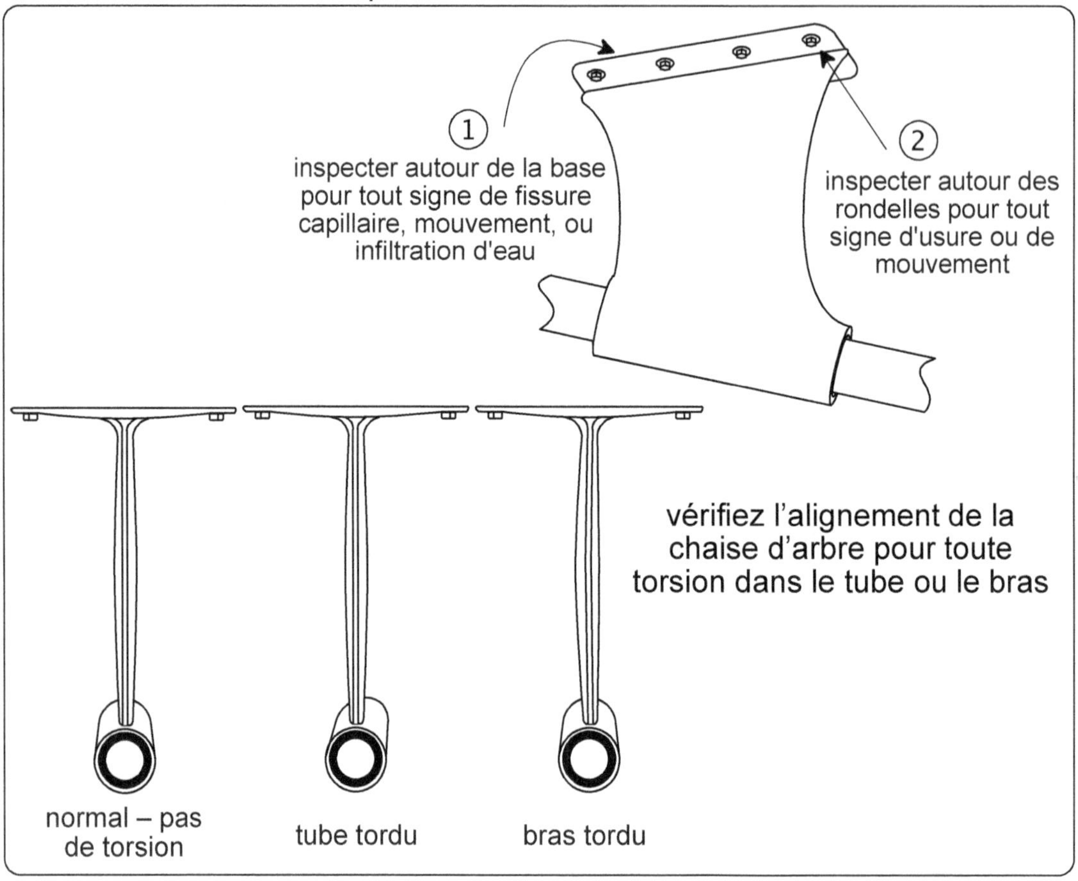

① inspecter autour de la base pour tout signe de fissure capillaire, mouvement, ou infiltration d'eau

② inspecter autour des rondelles pour tout signe d'usure ou de mouvement

vérifiez l'alignement de la chaise d'arbre pour toute torsion dans le tube ou le bras

normal – pas de torsion

tube tordu

bras tordu

Inspection de l'hélice

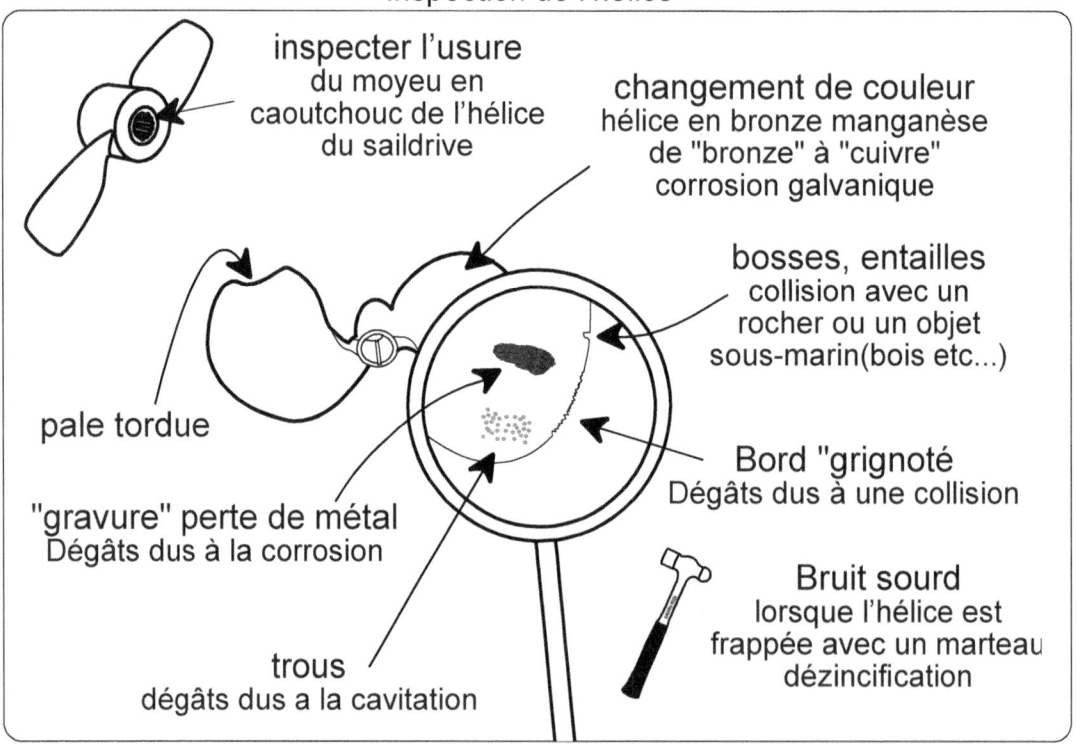

inspecter l'usure du moyeu en caoutchouc de l'hélice du saildrive

changement de couleur hélice en bronze manganèse de "bronze" à "cuivre" corrosion galvanique

bosses, entailles collision avec un rocher ou un objet sous-marin (bois etc...)

pale tordue

"gravure" perte de métal Dégâts dus à la corrosion

Bord "grignoté" Dégâts dus à une collision

trous dégâts dus a la cavitation

Bruit sourd lorsque l'hélice est frappée avec un marteau dézincification

Saildrive - Inspection de la bague d'étanchéité en caoutchouc intérieure et de l'alarme du capteur d'eau

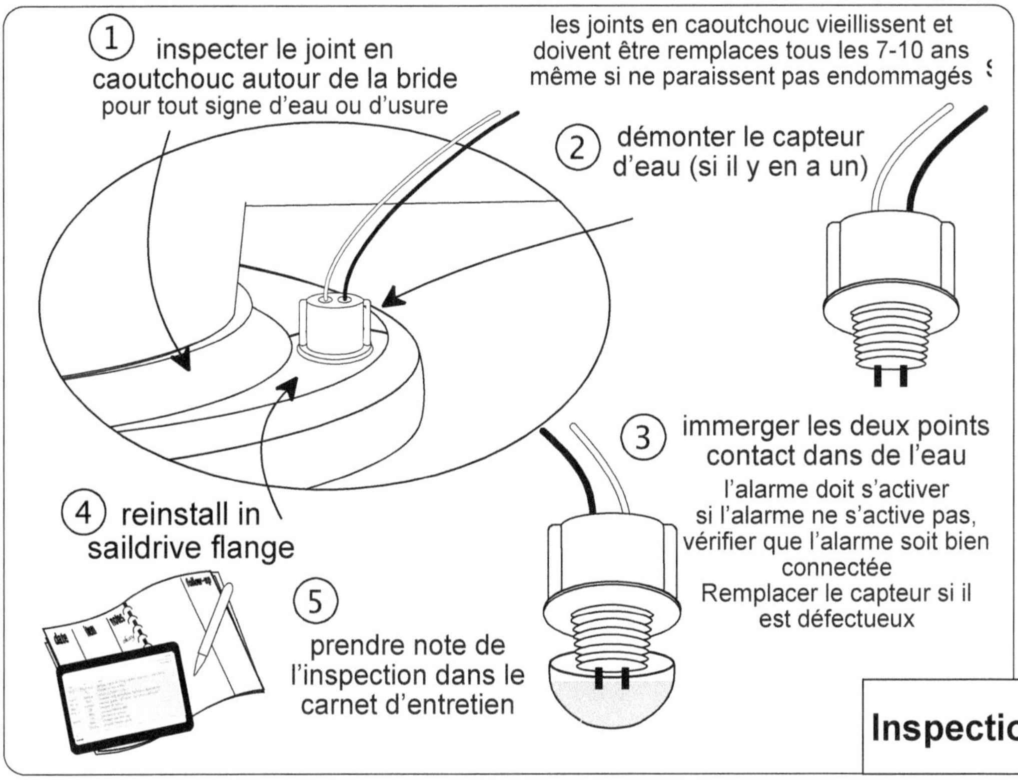

① inspecter le joint en caoutchouc autour de la bride pour tout signe d'eau ou d'usure

les joints en caoutchouc vieillissent et doivent être remplaces tous les 7-10 ans même si ne paraissent pas endommagés

② démonter le capteur d'eau (si il y en a un)

③ immerger les deux points contact dans de l'eau
l'alarme doit s'activer
si l'alarme ne s'active pas, vérifier que l'alarme soit bien connectée
Remplacer le capteur si il est défectueux

④ reinstall in saildrive flange

⑤ prendre note de l'inspection dans le carnet d'entretien

Inspections

Joint étanche (anneau d'étanchéité en caoutchouc intérieur, gaine, poche, membrane d'étanchéité)

Une double membrane en caoutchouc (gaine), entre les parties supérieure et inférieure d'un saildrive (où il traverse la coque) empêche l'eau de pénétrer dans le bateau ; cependant, une défaillance peut couler le navire. Certains modèles offrent un capteur et une alarme intégrés (ce qui nécessite un système électrique fiable). La gaine doit être remplacée tous les 7 à 10 ans. Il s'agit généralement d'une procédure réservée aux concessionnaires.

Manquer le remplacement de la gaine peut rendre l'assurance du bateau caduque.

Une bride en caoutchouc rectangulaire peut également être "collée" à la coque autour du saildrive pour réduire les turbulences autour de l'ouverture de la coque. Cette gaine extérieure ne fait pas partie du joint étanche (qui se trouve à l'intérieur de la coque du bateau), et de fait n'affecte pas l'étanchéité.

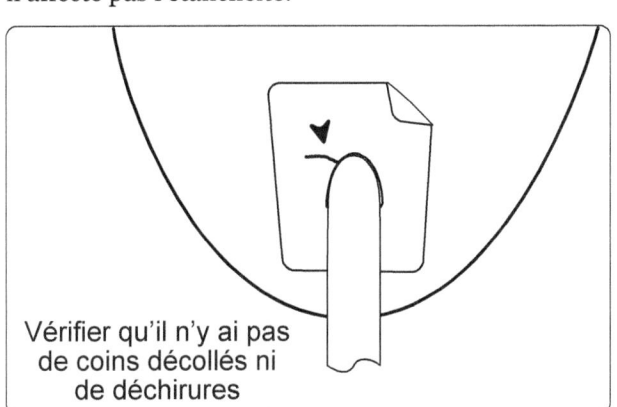

Vérifier qu'il n'y ai pas de coins décollés ni de déchirures

Les réparations doivent être effectuées avec un adhésif NON permanent – poncer pour rendre la coque et le caoutchouc rugueux afin d'améliorer l'adhérence

Entrées du carnet d'entretien

Date originale _____

date	objet	commentaires

date	objet	commentaires

Carnet d'entretien

date	objet	commentaires

date	objet	commentaires

Carnet d'entretien

date	objet	commentaires

date	objet	commentaires

Carnet d'entretien

date	objet	commentaires

date	objet	commentaires

Carnet d'entretien

date	objet	commentaires

date	objet	commentaires

Carnet d'entretien

date	objet	commentaires

date	objet	commentaires

Carnet d'entretien

date	objet	commentaires

date	objet	commentaires

Carnet d'entretien

date	objet	commentaires

date	objet	commentaires

Carnet d'entretien

date	objet	commentaires

date	objet	commentaires

Carnet d'entretien

date	objet	commentaires

date	objet	commentaires

Carnet d'entretien

date	objet	commentaires

date	objet	commentaires

Carnet d'entretien

date	objet	commentaires

date	objet	commentaires

Carnet d'entretien

date	objet	commentaires

date	objet	commentaires

Carnet d'entretien

date	objet	commentaires

date	objet	commentaires

Carnet d'entretien

date	objet	commentaires

date	objet	commentaires

Carnet d'entretien

date	objet	commentaires

date	objet	commentaires

Carnet d'entretien

date	objet	commentaires

date	objet	commentaires

Carnet d'entretien

date	objet	commentaires

date	objet	commentaires

Carnet d'entretien

date	objet	commentaires

date	objet	commentaires

Carnet d'entretien

date	objet	commentaires

date	objet	commentaires

Carnet d'entretien

date	objet	commentaires

date	objet	commentaires

Carnet d'entretien

date	objet	commentaires

date	objet	commentaires

Carnet d'entretien

date	objet	commentaires

date	objet	commentaires

Carnet d'entretien

date	objet	commentaires

date	objet	commentaires

Carnet d'entretien

date	objet	commentaires

date	objet	commentaires

Carnet d'entretien

date	objet	commentaires

date	objet	commentaires

Carnet d'entretien

date	objet	commentaires

Carnet d'entretien

date	objet	commentaires

date	objet	commentaires

date	objet	commentaires

Carnet d'entretien

date	objet	commentaires

date	objet	commentaires

Carnet d'entretien

date	objet	commentaires

date	objet	commentaires

Carnet d'entretien

date	objet	commentaires

date	objet	commentaires

Carnet d'entretien

date	objet	commentaires

date	objet	commentaires

Carnet d'entretien

date	objet	commentaires

date	objet	commentaires

Carnet d'entretien

date	objet	commentaires

date	objet	commentaires

Carnet d'entretien

date	objet	commentaires

date	objet	commentaires

Carnet d'entretien

date	objet	commentaires

date	objet	commentaires

Carnet d'entretien

date	objet	commentaires

date	objet	commentaires

Carnet d'entretien

date	objet	commentaires

date	objet	commentaires

Carnet d'entretien

date	objet	commentaires

date	objet	commentaires

Carnet d'entretien

date	objet	commentaires

date	objet	commentaires

Carnet d'entretien

date	objet	commentaires

date	objet	commentaires

Carnet d'entretien

date	objet	commentaires

date	objet	commentaires

Carnet d'entretien

date	objet	commentaires

date	objet	commentaires

Carnet d'entretien

date	objet	commentaires

date	objet	commentaires

Carnet d'entretien

date	objet	commentaires

date	objet	commentaires

Carnet d'entretien

date	objet	commentaires

date	objet	commentaires

Carnet d'entretien

date	objet	commentaires

date	objet	commentaires

Carnet d'entretien

date	objet	commentaires

date	objet	commentaires

Carnet d'entretien

date	objet	commentaires

date	objet	commentaires

Carnet d'entretien

date	objet	commentaires

date	objet	commentaires

Carnet d'entretien

date	objet	commentaires

date	objet	commentaires

Carnet d'entretien

date	objet	commentaires

date	objet	commentaires

Carnet d'entretien

date	objet	commentaires

date	objet	commentaires

Carnet d'entretien

date	objet	commentaires

date	objet	commentaires

Carnet d'entretien

date	objet	commentaires

date	objet	commentaires

Carnet d'entretien

date	objet	commentaires

date	objet	commentaires

Carnet d'entretien

date	objet	commentaires

date	objet	commentaires

Carnet d'entretien

date	objet	commentaires

date	objet	commentaires

Carnet d'entretien

date	objet	commentaires

date	objet	commentaires

Carnet d'entretien

date	objet	commentaires

date	objet	commentaires

Carnet d'entretien

date	objet	commentaires

date	objet	commentaires

Carnet d'entretien

date	objet	commentaires

date	objet	commentaires

Carnet d'entretien

date	objet	commentaires

date	objet	commentaires

Carnet d'entretien

date	objet	commentaires

date	objet	commentaires

Carnet d'entretien

date	objet	commentaires

date	objet	commentaires

Carnet d'entretien

date	objet	commentaires

date	objet	commentaires

Carnet d'entretien

date	objet	commentaires

date	objet	commentaires

Carnet d'entretien

date	objet	commentaires

date	objet	commentaires

Carnet d'entretien

date	objet	commentaires

date	objet	commentaires

Carnet d'entretien

date	objet	commentaires

date	objet	commentaires

Carnet d'entretien

date	objet	commentaires

date	objet	commentaires

Carnet d'entretien

date	objet	commentaires

date	objet	commentaires

Carnet d'entretien

Date finale _____

Résumés

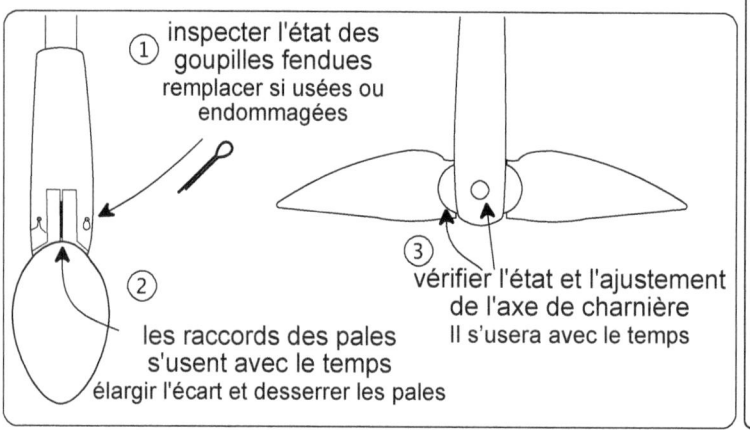

Inspection d'une hélice repliable

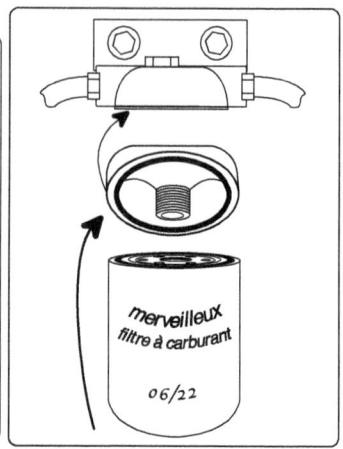

Vérifiez que l'ancien joint ai été retiré - filtre à carburant secondaire vissable

Journal de carburant diesel	207
Vidanges huile moteur	220
Vidanges de liquide de transmission	228
Changements des filtre à fuel primaires	232
Changements des filtre à fuel secondaires	236
Inspections et changements de turbine de pompe à eau de mer	240
Vidange et appoints du liquide de refroidissement	244
Bateau – Inspections et changements de toutes les anodes	248
Vidanges de saildrive	252
Saildrives – Inspections et changements des joints en caoutchouc	256
Saildrives – commentaires	258
Autre équipement	260
Résumés – commentaires	262

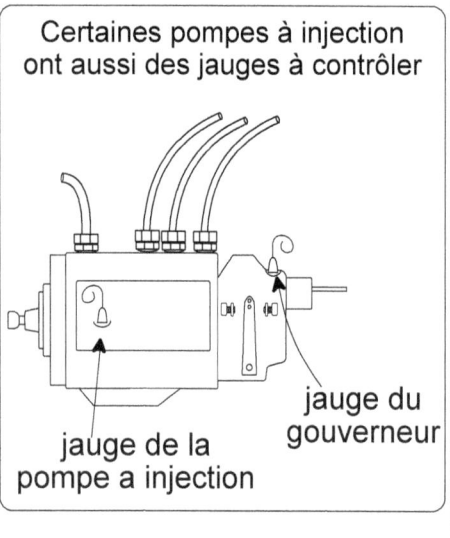

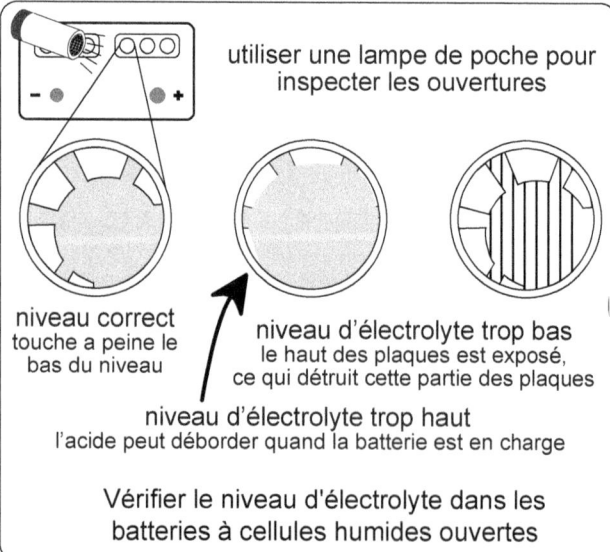

Vérifier le niveau d'électrolyte dans les batteries à cellules humides ouvertes

Journal de carburant diesel

date	h/moteur	réservoir n°	pré-filtrage O / N	page
fuel dans le réservoir L	fuel ajouté L		qté totale dans le réservoir L	
date	h/moteur	réservoir n°	pré-filtrage O / N	page
fuel dans le réservoir L	fuel ajouté L		qté totale dans le réservoir L	
date	h/moteur	réservoir n°	pré-filtrage O / N	page
fuel dans le réservoir L	fuel ajouté L		qté totale dans le réservoir L	
date	h/moteur	réservoir n°	pré-filtrage O / N	page
fuel dans le réservoir L	fuel ajouté L		qté totale dans le réservoir L	
date	h/moteur	réservoir n°	pré-filtrage O / N	page
fuel dans le réservoir L	fuel ajouté L		qté totale dans le réservoir L	
date	h/moteur	réservoir n°	pré-filtrage O / N	page
fuel dans le réservoir L	fuel ajouté L		qté totale dans le réservoir L	

h/moteur – heures moteur
pré-filtrage – préfiltré à l'aide d'un entonnoir de filtre à carburant
O / N – oui / non
page – voir l'entrée dans le Carnet d/entretien
L – Litres

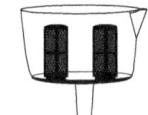
entonnoir à filtre

Résumés

date	h/moteur	réservoir n°	pré-filtrage O / N	page
fuel dans le réservoir L	fuel ajouté L		qté totale dans le réservoir L	
date	h/moteur	réservoir n°	pré-filtrage O / N	page
fuel dans le réservoir L	fuel ajouté L		qté totale dans le réservoir L	
date	h/moteur	réservoir n°	pré-filtrage O / N	page
fuel dans le réservoir L	fuel ajouté L		qté totale dans le réservoir L	
date	h/moteur	réservoir n°	pré-filtrage O / N	page
fuel dans le réservoir L	fuel ajouté L		qté totale dans le réservoir L	

Journal de carburant diesel

Commentaires : _____

date	h/moteur	réservoir n°	pré-filtrage O / N	page
fuel dans le réservoir L		fuel ajouté L	qté totale dans le réservoir L	
date	h/moteur	réservoir n°	pré-filtrage O / N	page
fuel dans le réservoir L		fuel ajouté L	qté totale dans le réservoir L	
date	h/moteur	réservoir n°	pré-filtrage O / N	page
fuel dans le réservoir L		fuel ajouté L	qté totale dans le réservoir L	
date	h/moteur	réservoir n°	pré-filtrage O / N	page
fuel dans le réservoir L		fuel ajouté L	qté totale dans le réservoir L	
date	h/moteur	réservoir n°	pré-filtrage O / N	page
fuel dans le réservoir L		fuel ajouté L	qté totale dans le réservoir L	
date	h/moteur	réservoir n°	pré-filtrage O / N	page
fuel dans le réservoir L		fuel ajouté L	qté totale dans le réservoir L	
date	h/moteur	réservoir n°	pré-filtrage O / N	page
fuel dans le réservoir L		fuel ajouté L	qté totale dans le réservoir L	
date	h/moteur	réservoir n°	pré-filtrage O / N	page
fuel dans le réservoir L		fuel ajouté L	qté totale dans le réservoir L	
date	h/moteur	réservoir n°	pré-filtrage O / N	page
fuel dans le réservoir L		fuel ajouté L	qté totale dans le réservoir L	
date	h/moteur	réservoir n°	pré-filtrage O / N	page
fuel dans le réservoir L		fuel ajouté L	qté totale dans le réservoir L	
date	h/moteur	réservoir n°	pré-filtrage O / N	page
fuel dans le réservoir L		fuel ajouté L	qté totale dans le réservoir L	

Journal de carburant diesel

date	h/moteur	réservoir n°	pré-filtrage O / N	page
fuel dans le réservoir		fuel ajouté	qté totale dans le réservoir	
	L	L		L
date	h/moteur	réservoir n°	pré-filtrage O / N	page
fuel dans le réservoir		fuel ajouté	qté totale dans le réservoir	
	L	L		L
date	h/moteur	réservoir n°	pré-filtrage O / N	page
fuel dans le réservoir		fuel ajouté	qté totale dans le réservoir	
	L	L		L
date	h/moteur	réservoir n°	pré-filtrage O / N	page
fuel dans le réservoir		fuel ajouté	qté totale dans le réservoir	
	L	L		L
date	h/moteur	réservoir n°	pré-filtrage O / N	page
fuel dans le réservoir		fuel ajouté	qté totale dans le réservoir	
	L	L		L
date	h/moteur	réservoir n°	pré-filtrage O / N	page
fuel dans le réservoir		fuel ajouté	qté totale dans le réservoir	
	L	L		L

h/moteur – heures moteur
pré-filtrage – préfiltré à l'aide d'un entonnoir de filtre à carburant
O / N – oui / non
page – voir l'entrée dans le Carnet d/entretien
L – Litres

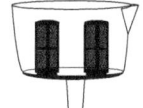
entonnoir à filtre

Résumés

date	h/moteur	réservoir n°	pré-filtrage O / N	page
fuel dans le réservoir		fuel ajouté	qté totale dans le réservoir	
	L	L		L
date	h/moteur	réservoir n°	pré-filtrage O / N	page
fuel dans le réservoir		fuel ajouté	qté totale dans le réservoir	
	L	L		L
date	h/moteur	réservoir n°	pré-filtrage O / N	page
fuel dans le réservoir		fuel ajouté	qté totale dans le réservoir	
	L	L		L
date	h/moteur	réservoir n°	pré-filtrage O / N	page
fuel dans le réservoir		fuel ajouté	qté totale dans le réservoir	
	L	L		L

Journal de carburant diesel

Commentaires : _____

date	h/moteur	réservoir n°	pré-filtrage O / N	page
fuel dans le réservoir L		fuel ajouté L	qté totale dans le réservoir L	
date	h/moteur	réservoir n°	pré-filtrage O / N	page
fuel dans le réservoir L		fuel ajouté L	qté totale dans le réservoir L	
date	h/moteur	réservoir n°	pré-filtrage O / N	page
fuel dans le réservoir L		fuel ajouté L	qté totale dans le réservoir L	
date	h/moteur	réservoir n°	pré-filtrage O / N	page
fuel dans le réservoir L		fuel ajouté L	qté totale dans le réservoir L	
date	h/moteur	réservoir n°	pré-filtrage O / N	page
fuel dans le réservoir L		fuel ajouté L	qté totale dans le réservoir L	
date	h/moteur	réservoir n°	pré-filtrage O / N	page
fuel dans le réservoir L		fuel ajouté L	qté totale dans le réservoir L	
date	h/moteur	réservoir n°	pré-filtrage O / N	page
fuel dans le réservoir L		fuel ajouté L	qté totale dans le réservoir L	
date	h/moteur	réservoir n°	pré-filtrage O / N	page
fuel dans le réservoir L		fuel ajouté L	qté totale dans le réservoir L	
date	h/moteur	réservoir n°	pré-filtrage O / N	page
fuel dans le réservoir L		fuel ajouté L	qté totale dans le réservoir L	
date	h/moteur	réservoir n°	pré-filtrage O / N	page
fuel dans le réservoir L		fuel ajouté L	qté totale dans le réservoir L	
date	h/moteur	réservoir n°	pré-filtrage O / N	page
fuel dans le réservoir L		fuel ajouté L	qté totale dans le réservoir L	

Journal de carburant diesel

date	h/moteur	réservoir n°	pré-filtrage O / N	page
fuel dans le réservoir L		fuel ajouté L	qté totale dans le réservoir	L
date	h/moteur	réservoir n°	pré-filtrage O / N	page
fuel dans le réservoir L		fuel ajouté L	qté totale dans le réservoir	L
date	h/moteur	réservoir n°	pré-filtrage O / N	page
fuel dans le réservoir L		fuel ajouté L	qté totale dans le réservoir	L
date	h/moteur	réservoir n°	pré-filtrage O / N	page
fuel dans le réservoir L		fuel ajouté L	qté totale dans le réservoir	L
date	h/moteur	réservoir n°	pré-filtrage O / N	page
fuel dans le réservoir L		fuel ajouté L	qté totale dans le réservoir	L
date	h/moteur	réservoir n°	pré-filtrage O / N	page
fuel dans le réservoir L		fuel ajouté L	qté totale dans le réservoir	L

h/moteur – heures moteur
pré-filtrage – préfiltré à l'aide d'un entonnoir de filtre à carburant
O / N – oui / non
page – voir l'entrée dans le Carnet d/entretien
L – Litres

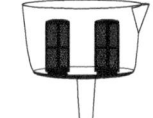
entonnoir à filtre

Résumés

date	h/moteur	réservoir n°	pré-filtrage O / N	page
fuel dans le réservoir L		fuel ajouté L	qté totale dans le réservoir	L
date	h/moteur	réservoir n°	pré-filtrage O / N	page
fuel dans le réservoir L		fuel ajouté L	qté totale dans le réservoir	L
date	h/moteur	réservoir n°	pré-filtrage O / N	page
fuel dans le réservoir L		fuel ajouté L	qté totale dans le réservoir	L
date	h/moteur	réservoir n°	pré-filtrage O / N	page
fuel dans le réservoir L		fuel ajouté L	qté totale dans le réservoir	L

Journal de carburant diesel

Commentaires : _____

date	h/moteur	réservoir n°	pré-filtrage O / N	page
fuel dans le réservoir L		fuel ajouté L	qté totale dans le réservoir L	
date	h/moteur	réservoir n°	pré-filtrage O / N	page
fuel dans le réservoir L		fuel ajouté L	qté totale dans le réservoir L	
date	h/moteur	réservoir n°	pré-filtrage O / N	page
fuel dans le réservoir L		fuel ajouté L	qté totale dans le réservoir L	
date	h/moteur	réservoir n°	pré-filtrage O / N	page
fuel dans le réservoir L		fuel ajouté L	qté totale dans le réservoir L	
date	h/moteur	réservoir n°	pré-filtrage O / N	page
fuel dans le réservoir L		fuel ajouté L	qté totale dans le réservoir L	
date	h/moteur	réservoir n°	pré-filtrage O / N	page
fuel dans le réservoir L		fuel ajouté L	qté totale dans le réservoir L	
date	h/moteur	réservoir n°	pré-filtrage O / N	page
fuel dans le réservoir L		fuel ajouté L	qté totale dans le réservoir L	
date	h/moteur	réservoir n°	pré-filtrage O / N	page
fuel dans le réservoir L		fuel ajouté L	qté totale dans le réservoir L	
date	h/moteur	réservoir n°	pré-filtrage O / N	page
fuel dans le réservoir L		fuel ajouté L	qté totale dans le réservoir L	
date	h/moteur	réservoir n°	pré-filtrage O / N	page
fuel dans le réservoir L		fuel ajouté L	qté totale dans le réservoir L	
date	h/moteur	réservoir n°	pré-filtrage O / N	page
fuel dans le réservoir L		fuel ajouté L	qté totale dans le réservoir L	

Journal de carburant diesel

date	h/moteur	réservoir n°	pré-filtrage O / N	page
fuel dans le réservoir		fuel ajouté	qté totale dans le réservoir	
L		L		L
date	h/moteur	réservoir n°	pré-filtrage O / N	page
fuel dans le réservoir		fuel ajouté	qté totale dans le réservoir	
L		L		L
date	h/moteur	réservoir n°	pré-filtrage O / N	page
fuel dans le réservoir		fuel ajouté	qté totale dans le réservoir	
L		L		L
date	h/moteur	réservoir n°	pré-filtrage O / N	page
fuel dans le réservoir		fuel ajouté	qté totale dans le réservoir	
L		L		L
date	h/moteur	réservoir n°	pré-filtrage O / N	page
fuel dans le réservoir		fuel ajouté	qté totale dans le réservoir	
L		L		L
date	h/moteur	réservoir n°	pré-filtrage O / N	page
fuel dans le réservoir		fuel ajouté	qté totale dans le réservoir	
L		L		L

h/moteur – heures moteur
pré-filtrage – préfiltré à l'aide d'un entonnoir de filtre à carburant
O / N – oui / non
page – voir l'entrée dans le Carnet d'entretien
L – Litres

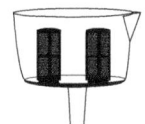
entonnoir à filtre

Résumés

date	h/moteur	réservoir n°	pré-filtrage O / N	page
fuel dans le réservoir		fuel ajouté	qté totale dans le réservoir	
L		L		L
date	h/moteur	réservoir n°	pré-filtrage O / N	page
fuel dans le réservoir		fuel ajouté	qté totale dans le réservoir	
L		L		L
date	h/moteur	réservoir n°	pré-filtrage O / N	page
fuel dans le réservoir		fuel ajouté	qté totale dans le réservoir	
L		L		L
date	h/moteur	réservoir n°	pré-filtrage O / N	page
fuel dans le réservoir		fuel ajouté	qté totale dans le réservoir	
L		L		L

Journal de carburant diesel

Commentaires : _____

date	h/moteur	réservoir n°	pré-filtrage O / N	page
fuel dans le réservoir L		fuel ajouté L	qté totale dans le réservoir L	
date	h/moteur	réservoir n°	pré-filtrage O / N	page
fuel dans le réservoir L		fuel ajouté L	qté totale dans le réservoir L	
date	h/moteur	réservoir n°	pré-filtrage O / N	page
fuel dans le réservoir L		fuel ajouté L	qté totale dans le réservoir L	
date	h/moteur	réservoir n°	pré-filtrage O / N	page
fuel dans le réservoir L		fuel ajouté L	qté totale dans le réservoir L	
date	h/moteur	réservoir n°	pré-filtrage O / N	page
fuel dans le réservoir L		fuel ajouté L	qté totale dans le réservoir L	
date	h/moteur	réservoir n°	pré-filtrage O / N	page
fuel dans le réservoir L		fuel ajouté L	qté totale dans le réservoir L	
date	h/moteur	réservoir n°	pré-filtrage O / N	page
fuel dans le réservoir L		fuel ajouté L	qté totale dans le réservoir L	
date	h/moteur	réservoir n°	pré-filtrage O / N	page
fuel dans le réservoir L		fuel ajouté L	qté totale dans le réservoir L	
date	h/moteur	réservoir n°	pré-filtrage O / N	page
fuel dans le réservoir L		fuel ajouté L	qté totale dans le réservoir L	
date	h/moteur	réservoir n°	pré-filtrage O / N	page
fuel dans le réservoir L		fuel ajouté L	qté totale dans le réservoir L	
date	h/moteur	réservoir n°	pré-filtrage O / N	page
fuel dans le réservoir L		fuel ajouté L	qté totale dans le réservoir L	

Journal de carburant diesel

date	h/moteur	réservoir n°	pré-filtrage O / N	page
fuel dans le réservoir L		fuel ajouté L	qté totale dans le réservoir	L
date	h/moteur	réservoir n°	pré-filtrage O / N	page
fuel dans le réservoir L		fuel ajouté L	qté totale dans le réservoir	L
date	h/moteur	réservoir n°	pré-filtrage O / N	page
fuel dans le réservoir L		fuel ajouté L	qté totale dans le réservoir	L
date	h/moteur	réservoir n°	pré-filtrage O / N	page
fuel dans le réservoir L		fuel ajouté L	qté totale dans le réservoir	L
date	h/moteur	réservoir n°	pré-filtrage O / N	page
fuel dans le réservoir L		fuel ajouté L	qté totale dans le réservoir	L
date	h/moteur	réservoir n°	pré-filtrage O / N	page
fuel dans le réservoir L		fuel ajouté L	qté totale dans le réservoir	L

h/moteur – heures moteur
pré-filtrage – préfiltré à l'aide d'un entonnoir de filtre à carburant
O / N – oui / non
page – voir l'entrée dans le Carnet d/entretien
L – Litres

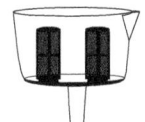
entonnoir à filtre

Résumés

date	h/moteur	réservoir n°	pré-filtrage O / N	page
fuel dans le réservoir L		fuel ajouté L	qté totale dans le réservoir	L
date	h/moteur	réservoir n°	pré-filtrage O / N	page
fuel dans le réservoir L		fuel ajouté L	qté totale dans le réservoir	L
date	h/moteur	réservoir n°	pré-filtrage O / N	page
fuel dans le réservoir L		fuel ajouté L	qté totale dans le réservoir	L
date	h/moteur	réservoir n°	pré-filtrage O / N	page
fuel dans le réservoir L		fuel ajouté L	qté totale dans le réservoir	L

Journal de carburant diesel

Commentaires : _____

date	h/moteur	réservoir n°	pré-filtrage O / N	page
fuel dans le réservoir L		fuel ajouté L	qté totale dans le réservoir L	
date	h/moteur	réservoir n°	pré-filtrage O / N	page
fuel dans le réservoir L		fuel ajouté L	qté totale dans le réservoir L	
date	h/moteur	réservoir n°	pré-filtrage O / N	page
fuel dans le réservoir L		fuel ajouté L	qté totale dans le réservoir L	
date	h/moteur	réservoir n°	pré-filtrage O / N	page
fuel dans le réservoir L		fuel ajouté L	qté totale dans le réservoir L	
date	h/moteur	réservoir n°	pré-filtrage O / N	page
fuel dans le réservoir L		fuel ajouté L	qté totale dans le réservoir L	
date	h/moteur	réservoir n°	pré-filtrage O / N	page
fuel dans le réservoir L		fuel ajouté L	qté totale dans le réservoir L	
date	h/moteur	réservoir n°	pré-filtrage O / N	page
fuel dans le réservoir L		fuel ajouté L	qté totale dans le réservoir L	
date	h/moteur	réservoir n°	pré-filtrage O / N	page
fuel dans le réservoir L		fuel ajouté L	qté totale dans le réservoir L	
date	h/moteur	réservoir n°	pré-filtrage O / N	page
fuel dans le réservoir L		fuel ajouté L	qté totale dans le réservoir L	
date	h/moteur	réservoir n°	pré-filtrage O / N	page
fuel dans le réservoir L		fuel ajouté L	qté totale dans le réservoir L	
date	h/moteur	réservoir n°	pré-filtrage O / N	page
fuel dans le réservoir L		fuel ajouté L	qté totale dans le réservoir L	

Journal de carburant diesel

date	h/moteur	réservoir n°	pré-filtrage O / N	page
fuel dans le réservoir L		fuel ajouté L	qté totale dans le réservoir	L
date	h/moteur	réservoir n°	pré-filtrage O / N	page
fuel dans le réservoir L		fuel ajouté L	qté totale dans le réservoir	L
date	h/moteur	réservoir n°	pré-filtrage O / N	page
fuel dans le réservoir L		fuel ajouté L	qté totale dans le réservoir	L
date	h/moteur	réservoir n°	pré-filtrage O / N	page
fuel dans le réservoir L		fuel ajouté L	qté totale dans le réservoir	L
date	h/moteur	réservoir n°	pré-filtrage O / N	page
fuel dans le réservoir L		fuel ajouté L	qté totale dans le réservoir	L
date	h/moteur	réservoir n°	pré-filtrage O / N	page
fuel dans le réservoir L		fuel ajouté L	qté totale dans le réservoir	L

h/moteur – heures moteur
pré-filtrage – préfiltré à l'aide d'un entonnoir de filtre à carburant
O / N – oui / non
page – voir l'entrée dans le Carnet d/entretien
L – Litres

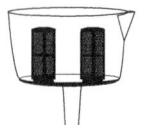
entonnoir à filtre

Résumés

date	h/moteur	réservoir n°	pré-filtrage O / N	page
fuel dans le réservoir L		fuel ajouté L	qté totale dans le réservoir	L
date	h/moteur	réservoir n°	pré-filtrage O / N	page
fuel dans le réservoir L		fuel ajouté L	qté totale dans le réservoir	L
date	h/moteur	réservoir n°	pré-filtrage O / N	page
fuel dans le réservoir L		fuel ajouté L	qté totale dans le réservoir	L
date	h/moteur	réservoir n°	pré-filtrage O / N	page
fuel dans le réservoir L		fuel ajouté L	qté totale dans le réservoir	L

Journal de carburant diesel

Commentaires : _____

date	h/moteur	réservoir n°	pré-filtrage O / N	page
fuel dans le réservoir L		fuel ajouté L	qté totale dans le réservoir L	
date	h/moteur	réservoir n°	pré-filtrage O / N	page
fuel dans le réservoir L		fuel ajouté L	qté totale dans le réservoir L	
date	h/moteur	réservoir n°	pré-filtrage O / N	page
fuel dans le réservoir L		fuel ajouté L	qté totale dans le réservoir L	
date	h/moteur	réservoir n°	pré-filtrage O / N	page
fuel dans le réservoir L		fuel ajouté L	qté totale dans le réservoir L	
date	h/moteur	réservoir n°	pré-filtrage O / N	page
fuel dans le réservoir L		fuel ajouté L	qté totale dans le réservoir L	
date	h/moteur	réservoir n°	pré-filtrage O / N	page
fuel dans le réservoir L		fuel ajouté L	qté totale dans le réservoir L	
date	h/moteur	réservoir n°	pré-filtrage O / N	page
fuel dans le réservoir L		fuel ajouté L	qté totale dans le réservoir L	
date	h/moteur	réservoir n°	pré-filtrage O / N	page
fuel dans le réservoir L		fuel ajouté L	qté totale dans le réservoir L	
date	h/moteur	réservoir n°	pré-filtrage O / N	page
fuel dans le réservoir L		fuel ajouté L	qté totale dans le réservoir L	
date	h/moteur	réservoir n°	pré-filtrage O / N	page
fuel dans le réservoir L		fuel ajouté L	qté totale dans le réservoir L	

Journal de carburant diesel

date	h/moteur	réservoir n°	pré-filtrage O / N	page
fuel dans le réservoir		fuel ajouté	qté totale dans le réservoir	
	L	L		L
date	h/moteur	réservoir n°	pré-filtrage O / N	page
fuel dans le réservoir		fuel ajouté	qté totale dans le réservoir	
	L	L		L
date	h/moteur	réservoir n°	pré-filtrage O / N	page
fuel dans le réservoir		fuel ajouté	qté totale dans le réservoir	
	L	L		L
date	h/moteur	réservoir n°	pré-filtrage O / N	page
fuel dans le réservoir		fuel ajouté	qté totale dans le réservoir	
	L	L		L
date	h/moteur	réservoir n°	pré-filtrage O / N	page
fuel dans le réservoir		fuel ajouté	qté totale dans le réservoir	
	L	L		L
date	h/moteur	réservoir n°	pré-filtrage O / N	page
fuel dans le réservoir		fuel ajouté	qté totale dans le réservoir	
	L	L		L

h/moteur – heures moteur
pré-filtrage – préfiltré à l'aide d'un entonnoir de filtre à carburant
O / N – oui / non
page – voir l'entrée dans le Carnet d/entretien
L – Litres

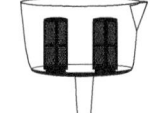
entonnoir à filtre

Résumés

date	h/moteur	réservoir n°	pré-filtrage O / N	page
fuel dans le réservoir		fuel ajouté	qté totale dans le réservoir	
	L	L		L
date	h/moteur	réservoir n°	pré-filtrage O / N	page
fuel dans le réservoir		fuel ajouté	qté totale dans le réservoir	
	L	L		L
date	h/moteur	réservoir n°	pré-filtrage O / N	page
fuel dans le réservoir		fuel ajouté	qté totale dans le réservoir	
	L	L		L
date	h/moteur	réservoir n°	pré-filtrage O / N	page
fuel dans le réservoir		fuel ajouté	qté totale dans le réservoir	
	L	L		L

Vidanges huile moteur

Commentaires : _____

date	mot. bab/tri	h/moteur	filtre n°	page
huile vidangée L	huile ajoutée L	marque et grade de l'huile		
date	mot. bab/tri	h/moteur	filtre n°	page
huile vidangée L	huile ajoutée L	marque et grade de l'huile		
date	mot. bab/tri	h/moteur	filtre n°	page
huile vidangée L	huile ajoutée L	marque et grade de l'huile		
date	mot. bab/tri	h/moteur	filtre n°	page
huile vidangée L	huile ajoutée L	marque et grade de l'huile		
date	mot. bab/tri	h/moteur	filtre n°	page
huile vidangée L	huile ajoutée L	marque et grade de l'huile		
date	mot. bab/tri	h/moteur	filtre n°	page
huile vidangée L	huile ajoutée L	marque et grade de l'huile		
date	mot. bab/tri	h/moteur	filtre n°	page
huile vidangée L	huile ajoutée L	marque et grade de l'huile		
date	mot. bab/tri	h/moteur	filtre n°	page
huile vidangée L	huile ajoutée L	marque et grade de l'huile		
date	mot. bab/tri	h/moteur	filtre n°	page
huile vidangée L	huile ajoutée L	marque et grade de l'huile		
date	mot. bab/tri	h/moteur	filtre n°	page
huile vidangée L	huile ajoutée L	marque et grade de l'huile		
date	mot. bab/tri	h/moteur	filtre n°	page
huile vidangée L	huile ajoutée L	marque et grade de l'huile		

Vidanges huile moteur

date	mot. bab/tri	h/moteur	filtre n°	page
huile vidangée L	huile ajoutée L	marque et grade de l'huile		
date	mot. bab/tri	h/moteur	filtre n°	page
huile vidangée L	huile ajoutée L	marque et grade de l'huile		
date	mot. bab/tri	h/moteur	filtre n°	page
huile vidangée L	huile ajoutée L	marque et grade de l'huile		
date	mot. bab/tri	h/moteur	filtre n°	page
huile vidangée L	huile ajoutée L	marque et grade de l'huile		
date	mot. bab/tri	h/moteur	filtre n°	page
huile vidangée L	huile ajoutée L	marque et grade de l'huile		
date	mot. bab/tri	h/moteur	filtre n°	page
huile vidangée L	huile ajoutée L	marque et grade de l'huile		

mot. bab/tri – moteur bâbord ou tribord
h/moteur – heures moteur
page – voir la page sur le carnet d'entretien
L – Litres

Résumés

date	mot. bab/tri	h/moteur	filtre n°	page
huile vidangée L	huile ajoutée L	marque et grade de l'huile		
date	mot. bab/tri	h/moteur	filtre n°	page
huile vidangée L	huile ajoutée L	marque et grade de l'huile		
date	mot. bab/tri	h/moteur	filtre n°	page
huile vidangée L	huile ajoutée L	marque et grade de l'huile		
date	mot. bab/tri	h/moteur	filtre n°	page
huile vidangée L	huile ajoutée L	marque et grade de l'huile		

Vidanges huile moteur

Commentaires : _____

date	mot. bab/tri	h/moteur	filtre n°	page
huile vidangée L	huile ajoutée L	marque et grade de l'huile		
date	mot. bab/tri	h/moteur	filtre n°	page
huile vidangée L	huile ajoutée L	marque et grade de l'huile		
date	mot. bab/tri	h/moteur	filtre n°	page
huile vidangée L	huile ajoutée L	marque et grade de l'huile		
date	mot. bab/tri	h/moteur	filtre n°	page
huile vidangée L	huile ajoutée L	marque et grade de l'huile		
date	mot. bab/tri	h/moteur	filtre n°	page
huile vidangée L	huile ajoutée L	marque et grade de l'huile		
date	mot. bab/tri	h/moteur	filtre n°	page
huile vidangée L	huile ajoutée L	marque et grade de l'huile		
date	mot. bab/tri	h/moteur	filtre n°	page
huile vidangée L	huile ajoutée L	marque et grade de l'huile		
date	mot. bab/tri	h/moteur	filtre n°	page
huile vidangée L	huile ajoutée L	marque et grade de l'huile		
date	mot. bab/tri	h/moteur	filtre n°	page
huile vidangée L	huile ajoutée L	marque et grade de l'huile		
date	mot. bab/tri	h/moteur	filtre n°	page
huile vidangée L	huile ajoutée L	marque et grade de l'huile		
date	mot. bab/tri	h/moteur	filtre n°	page
huile vidangée L	huile ajoutée L	marque et grade de l'huile		

Vidanges huile moteur

date	mot. bab/tri	h/moteur	filtre n°	page
huile vidangée L	huile ajoutée L	marque et grade de l'huile		
date	mot. bab/tri	h/moteur	filtre n°	page
huile vidangée L	huile ajoutée L	marque et grade de l'huile		
date	mot. bab/tri	h/moteur	filtre n°	page
huile vidangée L	huile ajoutée L	marque et grade de l'huile		
date	mot. bab/tri	h/moteur	filtre n°	page
huile vidangée L	huile ajoutée L	marque et grade de l'huile		
date	mot. bab/tri	h/moteur	filtre n°	page
huile vidangée L	huile ajoutée L	marque et grade de l'huile		
date	mot. bab/tri	h/moteur	filtre n°	page
huile vidangée L	huile ajoutée L	marque et grade de l'huile		

mot. bab/tri – moteur bâbord ou tribord
h/moteur – heures moteur
page – voir la page sur le carnet d'entretien
L – Litres

Résumés

date	mot. bab/tri	h/moteur	filtre n°	page
huile vidangée L	huile ajoutée L	marque et grade de l'huile		
date	mot. bab/tri	h/moteur	filtre n°	page
huile vidangée L	huile ajoutée L	marque et grade de l'huile		
date	mot. bab/tri	h/moteur	filtre n°	page
huile vidangée L	huile ajoutée L	marque et grade de l'huile		
date	mot. bab/tri	h/moteur	filtre n°	page
huile vidangée L	huile ajoutée L	marque et grade de l'huile		

Vidanges huile moteur

Commentaires : _____

date	mot. bab/tri	h/moteur	filtre n°	page
huile vidangée L	huile ajoutée L	marque et grade de l'huile		
date	mot. bab/tri	h/moteur	filtre n°	page
huile vidangée L	huile ajoutée L	marque et grade de l'huile		
date	mot. bab/tri	h/moteur	filtre n°	page
huile vidangée L	huile ajoutée L	marque et grade de l'huile		
date	mot. bab/tri	h/moteur	filtre n°	page
huile vidangée L	huile ajoutée L	marque et grade de l'huile		
date	mot. bab/tri	h/moteur	filtre n°	page
huile vidangée L	huile ajoutée L	marque et grade de l'huile		
date	mot. bab/tri	h/moteur	filtre n°	page
huile vidangée L	huile ajoutée L	marque et grade de l'huile		
date	mot. bab/tri	h/moteur	filtre n°	page
huile vidangée L	huile ajoutée L	marque et grade de l'huile		
date	mot. bab/tri	h/moteur	filtre n°	page
huile vidangée L	huile ajoutée L	marque et grade de l'huile		
date	mot. bab/tri	h/moteur	filtre n°	page
huile vidangée L	huile ajoutée L	marque et grade de l'huile		
date	mot. bab/tri	h/moteur	filtre n°	page
huile vidangée L	huile ajoutée L	marque et grade de l'huile		
date	mot. bab/tri	h/moteur	filtre n°	page
huile vidangée L	huile ajoutée L	marque et grade de l'huile		

Vidanges huile moteur

date	mot. bab/tri	h/moteur	filtre n°	page
huile vidangée L	huile ajoutée L	marque et grade de l'huile		
date	mot. bab/tri	h/moteur	filtre n°	page
huile vidangée L	huile ajoutée L	marque et grade de l'huile		
date	mot. bab/tri	h/moteur	filtre n°	page
huile vidangée L	huile ajoutée L	marque et grade de l'huile		
date	mot. bab/tri	h/moteur	filtre n°	page
huile vidangée L	huile ajoutée L	marque et grade de l'huile		
date	mot. bab/tri	h/moteur	filtre n°	page
huile vidangée L	huile ajoutée L	marque et grade de l'huile		
date	mot. bab/tri	h/moteur	filtre n°	page
huile vidangée L	huile ajoutée L	marque et grade de l'huile		

mot. bab/tri – moteur bâbord ou tribord
h/moteur – heures moteur
page – voir la page sur le carnet d'entretien
L – Litres

Résumés

date	mot. bab/tri	h/moteur	filtre n°	page
huile vidangée L	huile ajoutée L	marque et grade de l'huile		
date	mot. bab/tri	h/moteur	filtre n°	page
huile vidangée L	huile ajoutée L	marque et grade de l'huile		
date	mot. bab/tri	h/moteur	filtre n°	page
huile vidangée L	huile ajoutée L	marque et grade de l'huile		
date	mot. bab/tri	h/moteur	filtre n°	page
huile vidangée L	huile ajoutée L	marque et grade de l'huile		

Vidanges huile moteur

Commentaires : _____

date	mot. bab/tri	h/moteur	filtre n°	page
huile vidangée L	huile ajoutée L	marque et grade de l'huile		
date	mot. bab/tri	h/moteur	filtre n°	page
huile vidangée L	huile ajoutée L	marque et grade de l'huile		
date	mot. bab/tri	h/moteur	filtre n°	page
huile vidangée L	huile ajoutée L	marque et grade de l'huile		
date	mot. bab/tri	h/moteur	filtre n°	page
huile vidangée L	huile ajoutée L	marque et grade de l'huile		
date	mot. bab/tri	h/moteur	filtre n°	page
huile vidangée L	huile ajoutée L	marque et grade de l'huile		
date	mot. bab/tri	h/moteur	filtre n°	page
huile vidangée L	huile ajoutée L	marque et grade de l'huile		
date	mot. bab/tri	h/moteur	filtre n°	page
huile vidangée L	huile ajoutée L	marque et grade de l'huile		
date	mot. bab/tri	h/moteur	filtre n°	page
huile vidangée L	huile ajoutée L	marque et grade de l'huile		
date	mot. bab/tri	h/moteur	filtre n°	page
huile vidangée L	huile ajoutée L	marque et grade de l'huile		
date	mot. bab/tri	h/moteur	filtre n°	page
huile vidangée L	huile ajoutée L	marque et grade de l'huile		

Vidanges huile moteur

date	mot. bab/tri	h/moteur	filtre n°	page
huile vidangée L	huile ajoutée L	marque et grade de l'huile		
date	mot. bab/tri	h/moteur	filtre n°	page
huile vidangée L	huile ajoutée L	marque et grade de l'huile		
date	mot. bab/tri	h/moteur	filtre n°	page
huile vidangée L	huile ajoutée L	marque et grade de l'huile		
date	mot. bab/tri	h/moteur	filtre n°	page
huile vidangée L	huile ajoutée L	marque et grade de l'huile		
date	mot. bab/tri	h/moteur	filtre n°	page
huile vidangée L	huile ajoutée L	marque et grade de l'huile		
date	mot. bab/tri	h/moteur	filtre n°	page
huile vidangée L	huile ajoutée L	marque et grade de l'huile		

mot. bab/tri – moteur bâbord ou tribord
h/moteur – heures moteur
page – voir la page sur le carnet d'entretien
L – Litres

Résumés

date	mot. bab/tri	h/moteur	filtre n°	page
huile vidangée L	huile ajoutée L	marque et grade de l'huile		
date	mot. bab/tri	h/moteur	filtre n°	page
huile vidangée L	huile ajoutée L	marque et grade de l'huile		
date	mot. bab/tri	h/moteur	filtre n°	page
huile vidangée L	huile ajoutée L	marque et grade de l'huile		
date	mot. bab/tri	h/moteur	filtre n°	page
huile vidangée L	huile ajoutée L	marque et grade de l'huile		

Vidanges de liquide de transmission*

Commentaires _____

date	mot bab/tri	h/moteur	coleur ATF	page
ATF vidangé L	ATF ajouté L	marque et type d'ATF		
date	mot bab/tri	h/moteur	coleur ATF	page
ATF vidangé L	ATF ajouté L	marque et type d'ATF		
date	mot bab/tri	h/moteur	coleur ATF	page
ATF vidangé L	ATF ajouté L	marque et type d'ATF		
date	mot bab/tri	h/moteur	coleur ATF	page
ATF vidangé L	ATF ajouté L	marque et type d'ATF		
date	mot bab/tri	h/moteur	coleur ATF	page
ATF vidangé L	ATF ajouté L	marque et type d'ATF		
date	mot bab/tri	h/moteur	coleur ATF	page
ATF vidangé L	ATF ajouté L	marque et type d'ATF		
date	mot bab/tri	h/moteur	coleur ATF	page
ATF vidangé L	ATF ajouté L	marque et type d'ATF		
date	mot bab/tri	h/moteur	coleur ATF	page
ATF vidangé L	ATF ajouté L	marque et type d'ATF		
date	mot bab/tri	h/moteur	coleur ATF	page
ATF vidangé L	ATF ajouté L	marque et type d'ATF		
date	mot bab/tri	h/moteur	coleur ATF	page
ATF vidangé L	ATF ajouté L	marque et type d'ATF		
date	mot bab/tri	h/moteur	coleur ATF	page
ATF vidangé L	ATF ajouté L	marque et type d'ATF		

Vidanges de liquide de transmission*

date	mot bab/tri	h/moteur	coleur ATF	page
ATF vidangé L	ATF ajouté L	marque et type d'ATF		
date	mot bab/tri	h/moteur	coleur ATF	page
ATF vidangé L	ATF ajouté L	marque et type d'ATF		
date	mot bab/tri	h/moteur	coleur ATF	page
ATF vidangé L	ATF ajouté L	marque et type d'ATF		
date	mot bab/tri	h/moteur	coleur ATF	page
ATF vidangé L	ATF ajouté L	marque et type d'ATF		
date	mot bab/tri	h/moteur	coleur ATF	page
ATF vidangé L	ATF ajouté L	marque et type d'ATF		
date	mot bab/tri	h/moteur	coleur ATF	page
ATF vidangé L	ATF ajouté L	marque et type d'ATF		

mot bab/tri – moteur bâbord ou tribord
h/moteur – heures moteur
page – voir la page sur le carnet d'entretien
L – Litres

Résumés

date	mot bab/tri	h/moteur	coleur ATF	page
ATF vidangé L	ATF ajouté L	marque et type d'ATF		
date	mot bab/tri	h/moteur	coleur ATF	page
ATF vidangé L	ATF ajouté L	marque et type d'ATF		
date	mot bab/tri	h/moteur	coleur ATF	page
ATF vidangé L	ATF ajouté L	marque et type d'ATF		
date	mot bab/tri	h/moteur	coleur ATF	page
ATF vidangé L	ATF ajouté L	marque et type d'ATF		

*****ATF ou huile moteur, voir le manuel**

Vidanges de liquide de transmission*

Commentaires : _____

date	mot bab/tri	h/moteur	coleur ATF	page
ATF vidangé L	ATF ajouté L	marque et type d'ATF		
date	mot bab/tri	h/moteur	coleur ATF	page
ATF vidangé L	ATF ajouté L	marque et type d'ATF		
date	mot bab/tri	h/moteur	coleur ATF	page
ATF vidangé L	ATF ajouté L	marque et type d'ATF		
date	mot bab/tri	h/moteur	coleur ATF	page
ATF vidangé L	ATF ajouté L	marque et type d'ATF		
date	mot bab/tri	h/moteur	coleur ATF	page
ATF vidangé L	ATF ajouté L	marque et type d'ATF		
date	mot bab/tri	h/moteur	coleur ATF	page
ATF vidangé L	ATF ajouté L	marque et type d'ATF		
date	mot bab/tri	h/moteur	coleur ATF	page
ATF vidangé L	ATF ajouté L	marque et type d'ATF		
date	mot bab/tri	h/moteur	coleur ATF	page
ATF vidangé L	ATF ajouté L	marque et type d'ATF		
date	mot bab/tri	h/moteur	coleur ATF	page
ATF vidangé L	ATF ajouté L	marque et type d'ATF		
date	mot bab/tri	h/moteur	coleur ATF	page
ATF vidangé L	ATF ajouté L	marque et type d'ATF		
date	mot bab/tri	h/moteur	coleur ATF	page
ATF vidangé L	ATF ajouté L	marque et type d'ATF		

Vidanges de liquide de transmission*

date	mot bab/tri	h/moteur	coleur ATF	page
ATF vidangé L	ATF ajouté L	marque et type d'ATF		
date	mot bab/tri	h/moteur	coleur ATF	page
ATF vidangé L	ATF ajouté L	marque et type d'ATF		
date	mot bab/tri	h/moteur	coleur ATF	page
ATF vidangé L	ATF ajouté L	marque et type d'ATF		
date	mot bab/tri	h/moteur	coleur ATF	page
ATF vidangé L	ATF ajouté L	marque et type d'ATF		
date	mot bab/tri	h/moteur	coleur ATF	page
ATF vidangé L	ATF ajouté L	marque et type d'ATF		
date	mot bab/tri	h/moteur	coleur ATF	page
ATF vidangé L	ATF ajouté L	marque et type d'ATF		

mot bab/tri – moteur bâbord ou tribord
h/moteur – heures moteur
page – voir la page sur le carnet d'entretien
L – Litres

Résumés

date	mot bab/tri	h/moteur	coleur ATF	page
ATF vidangé L	ATF ajouté L	marque et type d'ATF		
date	mot bab/tri	h/moteur	coleur ATF	page
ATF vidangé L	ATF ajouté L	marque et type d'ATF		
date	mot bab/tri	h/moteur	coleur ATF	page
ATF vidangé L	ATF ajouté L	marque et type d'ATF		
date	mot bab/tri	h/moteur	coleur ATF	page
ATF vidangé L	ATF ajouté L	marque et type d'ATF		

*ATF ou huile moteur, voir le manuel

Changements des filtre à fuel primaires

Commentaires : _____

date	mot. bab/tri	h/moteur	taille en micron	page
marque et numéro de filtre			état de l'ancien filtre	
date	mot. bab/tri	h/moteur	taille en micron	page
marque et numéro de filtre			état de l'ancien filtre	
date	mot. bab/tri	h/moteur	taille en micron	page
marque et numéro de filtre			état de l'ancien filtre	
date	mot. bab/tri	h/moteur	taille en micron	page
marque et numéro de filtre			état de l'ancien filtre	
date	mot. bab/tri	h/moteur	taille en micron	page
marque et numéro de filtre			état de l'ancien filtre	
date	mot. bab/tri	h/moteur	taille en micron	page
marque et numéro de filtre			état de l'ancien filtre	
date	mot. bab/tri	h/moteur	taille en micron	page
marque et numéro de filtre			état de l'ancien filtre	
date	mot. bab/tri	h/moteur	taille en micron	page
marque et numéro de filtre			état de l'ancien filtre	
date	mot. bab/tri	h/moteur	taille en micron	page
marque et numéro de filtre			état de l'ancien filtre	
date	mot. bab/tri	h/moteur	taille en micron	page
marque et numéro de filtre			état de l'ancien filtre	
date	mot. bab/tri	h/moteur	taille en micron	page
marque et numéro de filtre			état de l'ancien filtre	

Changements des filtre à fuel primaires

date	mot. bab/tri	h/moteur	taille en micron	page
marque et numéro de filtre			état de l'ancien filtre	

date	mot. bab/tri	h/moteur	taille en micron	page
marque et numéro de filtre			état de l'ancien filtre	

date	mot. bab/tri	h/moteur	taille en micron	page
marque et numéro de filtre			état de l'ancien filtre	

date	mot. bab/tri	h/moteur	taille en micron	page
marque et numéro de filtre			état de l'ancien filtre	

date	mot. bab/tri	h/moteur	taille en micron	page
marque et numéro de filtre			état de l'ancien filtre	

date	mot. bab/tri	h/moteur	taille en micron	page
marque et numéro de filtre			état de l'ancien filtre	

mot bab/tri – moteur bâbord ou tribord
h/moteur – heures moteur
page – voir la page sur le carnet d'entretien

filtre à carburant diesel
10 microns

Résumés

date	mot. bab/tri	h/moteur	taille en micron	page
marque et numéro de filtre			état de l'ancien filtre	

date	mot. bab/tri	h/moteur	taille en micron	page
marque et numéro de filtre			état de l'ancien filtre	

date	mot. bab/tri	h/moteur	taille en micron	page
marque et numéro de filtre			état de l'ancien filtre	

date	mot. bab/tri	h/moteur	taille en micron	page
marque et numéro de filtre			état de l'ancien filtre	

Changements des filtre à fuel primaires

Commentaires : _____

date	mot. bab/tri	h/moteur	taille en micron	page
marque et numéro de filtre		état de l'ancien filtre		
date	mot. bab/tri	h/moteur	taille en micron	page
marque et numéro de filtre		état de l'ancien filtre		
date	mot. bab/tri	h/moteur	taille en micron	page
marque et numéro de filtre		état de l'ancien filtre		
date	mot. bab/tri	h/moteur	taille en micron	page
marque et numéro de filtre		état de l'ancien filtre		
date	mot. bab/tri	h/moteur	taille en micron	page
marque et numéro de filtre		état de l'ancien filtre		
date	mot. bab/tri	h/moteur	taille en micron	page
marque et numéro de filtre		état de l'ancien filtre		
date	mot. bab/tri	h/moteur	taille en micron	page
marque et numéro de filtre		état de l'ancien filtre		
date	mot. bab/tri	h/moteur	taille en micron	page
marque et numéro de filtre		état de l'ancien filtre		
date	mot. bab/tri	h/moteur	taille en micron	page
marque et numéro de filtre		état de l'ancien filtre		
date	mot. bab/tri	h/moteur	taille en micron	page
marque et numéro de filtre		état de l'ancien filtre		

Changements des filtre à fuel primaires

date	mot. bab/tri	h/moteur	taille en micron	page

marque et numéro de filtre		état de l'ancien filtre		

date	mot. bab/tri	h/moteur	taille en micron	page

marque et numéro de filtre		état de l'ancien filtre		

date	mot. bab/tri	h/moteur	taille en micron	page

marque et numéro de filtre		état de l'ancien filtre		

date	mot. bab/tri	h/moteur	taille en micron	page

marque et numéro de filtre		état de l'ancien filtre		

date	mot. bab/tri	h/moteur	taille en micron	page

marque et numéro de filtre		état de l'ancien filtre		

date	mot. bab/tri	h/moteur	taille en micron	page

marque et numéro de filtre		état de l'ancien filtre		

mot bab/tri – moteur bâbord ou tribord
h/moteur – heures moteur
page – voir la page sur le carnet d'entretien

filtre à carburant diesel
10 microns

Résumés

date	mot. bab/tri	h/moteur	taille en micron	page

marque et numéro de filtre		état de l'ancien filtre		

date	mot. bab/tri	h/moteur	taille en micron	page

marque et numéro de filtre		état de l'ancien filtre		

date	mot. bab/tri	h/moteur	taille en micron	page

marque et numéro de filtre		état de l'ancien filtre		

date	mot. bab/tri	h/moteur	taille en micron	page

marque et numéro de filtre		état de l'ancien filtre		

Changements des filtre à fuel secondaires

Commentaires : _____

date	mot. bab/tri	h/moteur	taille en micron	page
marque et numéro de filtre		état de l'ancien filtre		
date	mot. bab/tri	h/moteur	taille en micron	page
marque et numéro de filtre		état de l'ancien filtre		
date	mot. bab/tri	h/moteur	taille en micron	page
marque et numéro de filtre		état de l'ancien filtre		
date	mot. bab/tri	h/moteur	taille en micron	page
marque et numéro de filtre		état de l'ancien filtre		
date	mot. bab/tri	h/moteur	taille en micron	page
marque et numéro de filtre		état de l'ancien filtre		
date	mot. bab/tri	h/moteur	taille en micron	page
marque et numéro de filtre		état de l'ancien filtre		
date	mot. bab/tri	h/moteur	taille en micron	page
marque et numéro de filtre		état de l'ancien filtre		
date	mot. bab/tri	h/moteur	taille en micron	page
marque et numéro de filtre		état de l'ancien filtre		
date	mot. bab/tri	h/moteur	taille en micron	page
marque et numéro de filtre		état de l'ancien filtre		
date	mot. bab/tri	h/moteur	taille en micron	page
marque et numéro de filtre		état de l'ancien filtre		

Changements des filtre à fuel secondaires

date	mot. bab/tri	h/moteur	taille en micron	page
marque et numéro de filtre			état de l'ancien filtre	
date	mot. bab/tri	h/moteur	taille en micron	page
marque et numéro de filtre			état de l'ancien filtre	
date	mot. bab/tri	h/moteur	taille en micron	page
marque et numéro de filtre			état de l'ancien filtre	
date	mot. bab/tri	h/moteur	taille en micron	page
marque et numéro de filtre			état de l'ancien filtre	
date	mot. bab/tri	h/moteur	taille en micron	page
marque et numéro de filtre			état de l'ancien filtre	
date	mot. bab/tri	h/moteur	taille en micron	page
marque et numéro de filtre			état de l'ancien filtre	

mot bab/tri – moteur bâbord ou tribord
h/moteur – heures moteur
page – voir la page sur le carnet d'entretien

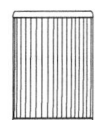

Résumés

date	mot. bab/tri	h/moteur	taille en micron	page
marque et numéro de filtre			état de l'ancien filtre	
date	mot. bab/tri	h/moteur	taille en micron	page
marque et numéro de filtre			état de l'ancien filtre	
date	mot. bab/tri	h/moteur	taille en micron	page
marque et numéro de filtre			état de l'ancien filtre	
date	mot. bab/tri	h/moteur	taille en micron	page
marque et numéro de filtre			état de l'ancien filtre	

Changements des filtre à fuel secondaires

Commentaires : _____

date	mot. bab/tri	h/moteur	taille en micron	page
marque et numéro de filtre		état de l'ancien filtre		
date	mot. bab/tri	h/moteur	taille en micron	page
marque et numéro de filtre		état de l'ancien filtre		
date	mot. bab/tri	h/moteur	taille en micron	page
marque et numéro de filtre		état de l'ancien filtre		
date	mot. bab/tri	h/moteur	taille en micron	page
marque et numéro de filtre		état de l'ancien filtre		
date	mot. bab/tri	h/moteur	taille en micron	page
marque et numéro de filtre		état de l'ancien filtre		
date	mot. bab/tri	h/moteur	taille en micron	page
marque et numéro de filtre		état de l'ancien filtre		
date	mot. bab/tri	h/moteur	taille en micron	page
marque et numéro de filtre		état de l'ancien filtre		
date	mot. bab/tri	h/moteur	taille en micron	page
marque et numéro de filtre		état de l'ancien filtre		
date	mot. bab/tri	h/moteur	taille en micron	page
marque et numéro de filtre		état de l'ancien filtre		
date	mot. bab/tri	h/moteur	taille en micron	page
marque et numéro de filtre		état de l'ancien filtre		

Changements des filtre à fuel secondaires

date	mot. bab/tri	h/moteur	taille en micron	page
marque et numéro de filtre		état de l'ancien filtre		
date	mot. bab/tri	h/moteur	taille en micron	page
marque et numéro de filtre		état de l'ancien filtre		
date	mot. bab/tri	h/moteur	taille en micron	page
marque et numéro de filtre		état de l'ancien filtre		
date	mot. bab/tri	h/moteur	taille en micron	page
marque et numéro de filtre		état de l'ancien filtre		
date	mot. bab/tri	h/moteur	taille en micron	page
marque et numéro de filtre		état de l'ancien filtre		
date	mot. bab/tri	h/moteur	taille en micron	page
marque et numéro de filtre		état de l'ancien filtre		

mot bab/tri – moteur bâbord ou tribord
h/moteur – heures moteur
page – voir la page sur le carnet d'entretien

Résumés

date	mot. bab/tri	h/moteur	taille en micron	page
marque et numéro de filtre		état de l'ancien filtre		
date	mot. bab/tri	h/moteur	taille en micron	page
marque et numéro de filtre		état de l'ancien filtre		
date	mot. bab/tri	h/moteur	taille en micron	page
marque et numéro de filtre		état de l'ancien filtre		
date	mot. bab/tri	h/moteur	taille en micron	page
marque et numéro de filtre		état de l'ancien filtre		

Inspections et changements de turbine de pompe à eau de mer

Commentaires : _____

date	mot. bab/tri	h/moteur	turbine changée O / N	page
marque et modèle de turbine			état de l'ancienne turbine	
date	mot. bab/tri	h/moteur	turbine changée O / N	page
marque et modèle de turbine			état de l'ancienne turbine	
date	mot. bab/tri	h/moteur	turbine changée O / N	page
marque et modèle de turbine			état de l'ancienne turbine	
date	mot. bab/tri	h/moteur	turbine changée O / N	page
marque et modèle de turbine			état de l'ancienne turbine	
date	mot. bab/tri	h/moteur	turbine changée O / N	page
marque et modèle de turbine			état de l'ancienne turbine	
date	mot. bab/tri	h/moteur	turbine changée O / N	page
marque et modèle de turbine			état de l'ancienne turbine	
date	mot. bab/tri	h/moteur	turbine changée O / N	page
marque et modèle de turbine			état de l'ancienne turbine	
date	mot. bab/tri	h/moteur	turbine changée O / N	page
marque et modèle de turbine			état de l'ancienne turbine	
date	mot. bab/tri	h/moteur	turbine changée O / N	page
marque et modèle de turbine			état de l'ancienne turbine	
date	mot. bab/tri	h/moteur	turbine changée O / N	page
marque et modèle de turbine			état de l'ancienne turbine	
date	mot. bab/tri	h/moteur	turbine changée O / N	page
marque et modèle de turbine			état de l'ancienne turbine	

Inspection et changement de turbine de pompe à eau de mer

date	mot. bab/tri	h/moteur	turbine changée O / N	page
marque et modèle de turbine			état de l'ancienne turbine	
date	mot. bab/tri	h/moteur	turbine changée O / N	page
marque et modèle de turbine			état de l'ancienne turbine	
date	mot. bab/tri	h/moteur	turbine changée O / N	page
marque et modèle de turbine			état de l'ancienne turbine	
date	mot. bab/tri	h/moteur	turbine changée O / N	page
marque et modèle de turbine			état de l'ancienne turbine	
date	mot. bab/tri	h/moteur	turbine changée O / N	page
marque et modèle de turbine			état de l'ancienne turbine	
date	mot. bab/tri	h/moteur	turbine changée O / N	page
marque et modèle de turbine			état de l'ancienne turbine	

mot bab/tri – moteur bâbord ou tribord
h/moteur – heures moteur
O / N – oui / non
page – voir la page sur le carnet d'entretien

Résumés

date	mot. bab/tri	h/moteur	turbine changée O / N	page
marque et modèle de turbine			état de l'ancienne turbine	
date	mot. bab/tri	h/moteur	turbine changée O / N	page
marque et modèle de turbine			état de l'ancienne turbine	
date	mot. bab/tri	h/moteur	turbine changée O / N	page
marque et modèle de turbine			état de l'ancienne turbine	
date	mot. bab/tri	h/moteur	turbine changée O / N	page
marque et modèle de turbine			état de l'ancienne turbine	

Inspection et changement de turbine de pompe à eau de mer

Commentaires : _____

date	mot. bab/tri	h/moteur	turbine changée O / N	page
marque et modèle de turbine			état de l'ancienne turbine	
date	mot. bab/tri	h/moteur	turbine changée O / N	page
marque et modèle de turbine			état de l'ancienne turbine	
date	mot. bab/tri	h/moteur	turbine changée O / N	page
marque et modèle de turbine			état de l'ancienne turbine	
date	mot. bab/tri	h/moteur	turbine changée O / N	page
marque et modèle de turbine			état de l'ancienne turbine	
date	mot. bab/tri	h/moteur	turbine changée O / N	page
marque et modèle de turbine			état de l'ancienne turbine	
date	mot. bab/tri	h/moteur	turbine changée O / N	page
marque et modèle de turbine			état de l'ancienne turbine	
date	mot. bab/tri	h/moteur	turbine changée O / N	page
marque et modèle de turbine			état de l'ancienne turbine	
date	mot. bab/tri	h/moteur	turbine changée O / N	page
marque et modèle de turbine			état de l'ancienne turbine	
date	mot. bab/tri	h/moteur	turbine changée O / N	page
marque et modèle de turbine			état de l'ancienne turbine	
date	mot. bab/tri	h/moteur	turbine changée O / N	page
marque et modèle de turbine			état de l'ancienne turbine	
date	mot. bab/tri	h/moteur	turbine changée O / N	page
marque et modèle de turbine			état de l'ancienne turbine	

Inspection et changement de turbine de pompe à eau de mer

date	mot. bab/tri	h/moteur	turbine changée O / N	page
marque et modèle de turbine			état de l'ancienne turbine	

date	mot. bab/tri	h/moteur	turbine changée O / N	page
marque et modèle de turbine			état de l'ancienne turbine	

date	mot. bab/tri	h/moteur	turbine changée O / N	page
marque et modèle de turbine			état de l'ancienne turbine	

date	mot. bab/tri	h/moteur	turbine changée O / N	page
marque et modèle de turbine			état de l'ancienne turbine	

date	mot. bab/tri	h/moteur	turbine changée O / N	page
marque et modèle de turbine			état de l'ancienne turbine	

date	mot. bab/tri	h/moteur	turbine changée O / N	page
marque et modèle de turbine			état de l'ancienne turbine	

mot bab/tri – moteur bâbord ou tribord
h/moteur – heures moteur
O / N – oui / non
page – voir la page sur le carnet d'entretien

Résumés

date	mot. bab/tri	h/moteur	turbine changée O / N	page
marque et modèle de turbine			état de l'ancienne turbine	

date	mot. bab/tri	h/moteur	turbine changée O / N	page
marque et modèle de turbine			état de l'ancienne turbine	

date	mot. bab/tri	h/moteur	turbine changée O / N	page
marque et modèle de turbine			état de l'ancienne turbine	

date	mot. bab/tri	h/moteur	turbine changée O / N	page
marque et modèle de turbine			état de l'ancienne turbine	

Vidange et appoints du liquide de refroidissement

Commentaires : _____

date	mot bab/tri	h/moteur	état de l'ancien liquide	page
liquide vidangé L	liquide ajouté L	marque et type de liquide		
date	mot bab/tri	h/moteur	état de l'ancien liquide	page
liquide vidangé L	liquide ajouté L	marque et type de liquide		
date	mot bab/tri	h/moteur	état de l'ancien liquide	page
liquide vidangé L	liquide ajouté L	marque et type de liquide		
date	mot bab/tri	h/moteur	état de l'ancien liquide	page
liquide vidangé L	liquide ajouté L	marque et type de liquide		
date	mot bab/tri	h/moteur	état de l'ancien liquide	page
liquide vidangé L	liquide ajouté L	marque et type de liquide		
date	mot bab/tri	h/moteur	état de l'ancien liquide	page
liquide vidangé L	liquide ajouté L	marque et type de liquide		
date	mot bab/tri	h/moteur	état de l'ancien liquide	page
liquide vidangé L	liquide ajouté L	marque et type de liquide		
date	mot bab/tri	h/moteur	état de l'ancien liquide	page
liquide vidangé L	liquide ajouté L	marque et type de liquide		
date	mot bab/tri	h/moteur	état de l'ancien liquide	page
liquide vidangé L	liquide ajouté L	marque et type de liquide		
date	mot bab/tri	h/moteur	état de l'ancien liquide	page
liquide vidangé L	liquide ajouté L	marque et type de liquide		
date	mot bab/tri	h/moteur	état de l'ancien liquide	page
liquide vidangé L	liquide ajouté L	marque et type de liquide		

Vidange et appoints de liquide de refroidissement

date	mot bab/tri	h/moteur	état de l'ancien liquide	page
liquide vidangé L	liquide ajouté L	marque et type de liquide		
date	mot bab/tri	h/moteur	état de l'ancien liquide	page
liquide vidangé L	liquide ajouté L	marque et type de liquide		
date	mot bab/tri	h/moteur	état de l'ancien liquide	page
liquide vidangé L	liquide ajouté L	marque et type de liquide		
date	mot bab/tri	h/moteur	état de l'ancien liquide	page
liquide vidangé L	liquide ajouté L	marque et type de liquide		
date	mot bab/tri	h/moteur	état de l'ancien liquide	page
liquide vidangé L	liquide ajouté L	marque et type de liquide		
date	mot bab/tri	h/moteur	état de l'ancien liquide	page
liquide vidangé L	liquide ajouté L	marque et type de liquide		

mot bab/tri – moteur bâbord ou tribord
h/moteur – heures moteur
page – voir la page sur le carnet d'entretien
L – Litres

Résumés

date	mot bab/tri	h/moteur	état de l'ancien liquide	page
liquide vidangé L	liquide ajouté L	marque et type de liquide		
date	mot bab/tri	h/moteur	état de l'ancien liquide	page
liquide vidangé L	liquide ajouté L	marque et type de liquide		
date	mot bab/tri	h/moteur	état de l'ancien liquide	page
liquide vidangé L	liquide ajouté L	marque et type de liquide		
date	mot bab/tri	h/moteur	état de l'ancien liquide	page
liquide vidangé L	liquide ajouté L	marque et type de liquide		

Vidange et appoints du liquide de refroidissement

Commentaires : _____

date	mot bab/tri	h/moteur	état de l'ancien liquide	page
liquide vidangé L	liquide ajouté L	marque et type de liquide		
date	mot bab/tri	h/moteur	état de l'ancien liquide	page
liquide vidangé L	liquide ajouté L	marque et type de liquide		
date	mot bab/tri	h/moteur	état de l'ancien liquide	page
liquide vidangé L	liquide ajouté L	marque et type de liquide		
date	mot bab/tri	h/moteur	état de l'ancien liquide	page
liquide vidangé L	liquide ajouté L	marque et type de liquide		
date	mot bab/tri	h/moteur	état de l'ancien liquide	page
liquide vidangé L	liquide ajouté L	marque et type de liquide		
date	mot bab/tri	h/moteur	état de l'ancien liquide	page
liquide vidangé L	liquide ajouté L	marque et type de liquide		
date	mot bab/tri	h/moteur	état de l'ancien liquide	page
liquide vidangé L	liquide ajouté L	marque et type de liquide		
date	mot bab/tri	h/moteur	état de l'ancien liquide	page
liquide vidangé L	liquide ajouté L	marque et type de liquide		
date	mot bab/tri	h/moteur	état de l'ancien liquide	page
liquide vidangé L	liquide ajouté L	marque et type de liquide		
date	mot bab/tri	h/moteur	état de l'ancien liquide	page
liquide vidangé L	liquide ajouté L	marque et type de liquide		

Vidange et appoints de liquide de refroidissement

date	mot bab/tri	h/moteur	état de l'ancien liquide	page
liquide vidangé L	liquide ajouté L	marque et type de liquide		
date	mot bab/tri	h/moteur	état de l'ancien liquide	page
liquide vidangé L	liquide ajouté L	marque et type de liquide		
date	mot bab/tri	h/moteur	état de l'ancien liquide	page
liquide vidangé L	liquide ajouté L	marque et type de liquide		
date	mot bab/tri	h/moteur	état de l'ancien liquide	page
liquide vidangé L	liquide ajouté L	marque et type de liquide		
date	mot bab/tri	h/moteur	état de l'ancien liquide	page
liquide vidangé L	liquide ajouté L	marque et type de liquide		
date	mot bab/tri	h/moteur	état de l'ancien liquide	page
liquide vidangé L	liquide ajouté L	marque et type de liquide		

mot bab/tri – moteur bâbord ou tribord
h/moteur – heures moteur
page – voir la page sur le carnet d'entretien
L – Litres

Résumés

date	mot bab/tri	h/moteur	état de l'ancien liquide	page
liquide vidangé L	liquide ajouté L	marque et type de liquide		
date	mot bab/tri	h/moteur	état de l'ancien liquide	page
liquide vidangé L	liquide ajouté L	marque et type de liquide		
date	mot bab/tri	h/moteur	état de l'ancien liquide	page
liquide vidangé L	liquide ajouté L	marque et type de liquide		
date	mot bab/tri	h/moteur	état de l'ancien liquide	page
liquide vidangé L	liquide ajouté L	marque et type de liquide		

Bateau – Inspections et changements de toutes les anodes

Commentaires : _____

date	mot. bab/tri	h/moteur	emplacement anode	page
état de l'ancienne anode		anode changée ? O / N	type	
date	mot. bab/tri	h/moteur	emplacement anode	page
état de l'ancienne anode		anode changée ? O / N	type	
date	mot. bab/tri	h/moteur	emplacement anode	page
état de l'ancienne anode		anode changée ? O / N	type	
date	mot. bab/tri	h/moteur	emplacement anode	page
état de l'ancienne anode		anode changée ? O / N	type	
date	mot. bab/tri	h/moteur	emplacement anode	page
état de l'ancienne anode		anode changée ? O / N	type	
date	mot. bab/tri	h/moteur	emplacement anode	page
état de l'ancienne anode		anode changée ? O / N	type	
date	mot. bab/tri	h/moteur	emplacement anode	page
état de l'ancienne anode		anode changée ? O / N	type	
date	mot. bab/tri	h/moteur	emplacement anode	page
état de l'ancienne anode		anode changée ? O / N	type	
date	mot. bab/tri	h/moteur	emplacement anode	page
état de l'ancienne anode		anode changée ? O / N	type	
date	mot. bab/tri	h/moteur	emplacement anode	page
état de l'ancienne anode		anode changée ? O / N	type	

Bateau – Inspections et changements de toutes les anodes

date	mot. bab/tri	h/moteur	emplacement anode	page
état de l'ancienne anode		anode changée ? O / N	type	
date	mot. bab/tri	h/moteur	emplacement anode	page
état de l'ancienne anode		anode changée ? O / N	type	
date	mot. bab/tri	h/moteur	emplacement anode	page
état de l'ancienne anode		anode changée ? O / N	type	
date	mot. bab/tri	h/moteur	emplacement anode	page
état de l'ancienne anode		anode changée ? O / N	type	
date	mot. bab/tri	h/moteur	emplacement anode	page
état de l'ancienne anode		anode changée ? O / N	type	
date	mot. bab/tri	h/moteur	emplacement anode	page
état de l'ancienne anode		anode changée ? O / N	type	

mot bab/tri – moteur bâbord ou tribord
h/moteur – heures moteur
page – voir la page sur le carnet d'entretien
O / N – oui / non

Résumés

ne pas mélanger les types d'anodes– zinc, magnésium ou aluminium

date	mot. bab/tri	h/moteur	emplacement anode	page
état de l'ancienne anode		anode changée ? O / N	type	
date	mot. bab/tri	h/moteur	emplacement anode	page
état de l'ancienne anode		anode changée ? O / N	type	
date	mot. bab/tri	h/moteur	emplacement anode	page
état de l'ancienne anode		anode changée ? O / N	type	
date	mot. bab/tri	h/moteur	emplacement anode	page
état de l'ancienne anode		anode changée ? O / N	type	

Bateau – Inspections et changements de toutes les anodes

Commentaires : _____

date	mot. bab/tri	h/moteur	emplacement anode	page
état de l'ancienne anode		anode changée ? O / N	type	
date	mot. bab/tri	h/moteur	emplacement anode	page
état de l'ancienne anode		anode changée ? O / N	type	
date	mot. bab/tri	h/moteur	emplacement anode	page
état de l'ancienne anode		anode changée ? O / N	type	
date	mot. bab/tri	h/moteur	emplacement anode	page
état de l'ancienne anode		anode changée ? O / N	type	
date	mot. bab/tri	h/moteur	emplacement anode	page
état de l'ancienne anode		anode changée ? O / N	type	
date	mot. bab/tri	h/moteur	emplacement anode	page
état de l'ancienne anode		anode changée ? O / N	type	
date	mot. bab/tri	h/moteur	emplacement anode	page
état de l'ancienne anode		anode changée ? O / N	type	
date	mot. bab/tri	h/moteur	emplacement anode	page
état de l'ancienne anode		anode changée ? O / N	type	
date	mot. bab/tri	h/moteur	emplacement anode	page
état de l'ancienne anode		anode changée ? O / N	type	
date	mot. bab/tri	h/moteur	emplacement anode	page
état de l'ancienne anode		anode changée ? O / N	type	

Bateau – Inspections et changements de toutes les anodes

date	mot. bab/tri	h/moteur	emplacement anode	page
état de l'ancienne anode		anode changée ? O / N	type	
date	mot. bab/tri	h/moteur	emplacement anode	page
état de l'ancienne anode		anode changée ? O / N	type	
date	mot. bab/tri	h/moteur	emplacement anode	page
état de l'ancienne anode		anode changée ? O / N	type	
date	mot. bab/tri	h/moteur	emplacement anode	page
état de l'ancienne anode		anode changée ? O / N	type	
date	mot. bab/tri	h/moteur	emplacement anode	page
état de l'ancienne anode		anode changée ? O / N	type	
date	mot. bab/tri	h/moteur	emplacement anode	page
état de l'ancienne anode		anode changée ? O / N	type	

mot bab/tri – moteur bâbord ou tribord
h/moteur – heures moteur
page – voir la page sur le carnet d'entretien
O / N – oui / non

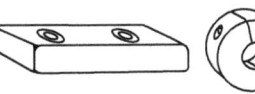

Résumés

ne pas mélanger les types d'anodes– zinc, magnésium ou aluminium

date	mot. bab/tri	h/moteur	emplacement anode	page
état de l'ancienne anode		anode changée ? O / N	type	
date	mot. bab/tri	h/moteur	emplacement anode	page
état de l'ancienne anode		anode changée ? O / N	type	
date	mot. bab/tri	h/moteur	emplacement anode	page
état de l'ancienne anode		anode changée ? O / N	type	
date	mot. bab/tri	h/moteur	emplacement anode	page
état de l'ancienne anode		anode changée ? O / N	type	

Vidanges de saildrive

Commentaires : _____

date	mot bab/tri	h/moteur	état de l'ancien liquide	page
liquide vidangé L	liquide ajouté L	marque et type de liquide		
date	mot bab/tri	h/moteur	état de l'ancien liquide	page
liquide vidangé L	liquide ajouté L	marque et type de liquide		
date	mot bab/tri	h/moteur	état de l'ancien liquide	page
liquide vidangé L	liquide ajouté L	marque et type de liquide		
date	mot bab/tri	h/moteur	état de l'ancien liquide	page
liquide vidangé L	liquide ajouté L	marque et type de liquide		
date	mot bab/tri	h/moteur	état de l'ancien liquide	page
liquide vidangé L	liquide ajouté L	marque et type de liquide		
date	mot bab/tri	h/moteur	état de l'ancien liquide	page
liquide vidangé L	liquide ajouté L	marque et type de liquide		
date	mot bab/tri	h/moteur	état de l'ancien liquide	page
liquide vidangé L	liquide ajouté L	marque et type de liquide		
date	mot bab/tri	h/moteur	état de l'ancien liquide	page
liquide vidangé L	liquide ajouté L	marque et type de liquide		
date	mot bab/tri	h/moteur	état de l'ancien liquide	page
liquide vidangé L	liquide ajouté L	marque et type de liquide		
date	mot bab/tri	h/moteur	état de l'ancien liquide	page
liquide vidangé L	liquide ajouté L	marque et type de liquide		
date	mot bab/tri	h/moteur	état de l'ancien liquide	page
liquide vidangé L	liquide ajouté L	marque et type de liquide		

Vidanges de saildrive

date	mot bab/tri	h/moteur	état de l'ancien liquide	page
liquide vidangé __ L	liquide ajouté __ L	marque et type de liquide		
date	mot bab/tri	h/moteur	état de l'ancien liquide	page
liquide vidangé __ L	liquide ajouté __ L	marque et type de liquide		
date	mot bab/tri	h/moteur	état de l'ancien liquide	page
liquide vidangé __ L	liquide ajouté __ L	marque et type de liquide		
date	mot bab/tri	h/moteur	état de l'ancien liquide	page
liquide vidangé __ L	liquide ajouté __ L	marque et type de liquide		
date	mot bab/tri	h/moteur	état de l'ancien liquide	page
liquide vidangé __ L	liquide ajouté __ L	marque et type de liquide		
date	mot bab/tri	h/moteur	état de l'ancien liquide	page
liquide vidangé __ L	liquide ajouté __ L	marque et type de liquide		

mot bab/tri – moteur bâbord ou tribord
h/moteur – heures moteur
page – voir la page sur le carnet d'entretien
L – Litres

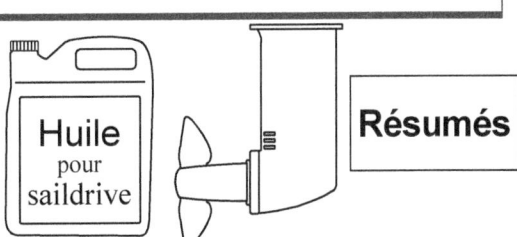

Résumés

date	mot bab/tri	h/moteur	état de l'ancien liquide	page
liquide vidangé __ L	liquide ajouté __ L	marque et type de liquide		
date	mot bab/tri	h/moteur	état de l'ancien liquide	page
liquide vidangé __ L	liquide ajouté __ L	marque et type de liquide		
date	mot bab/tri	h/moteur	état de l'ancien liquide	page
liquide vidangé __ L	liquide ajouté __ L	marque et type de liquide		
date	mot bab/tri	h/moteur	état de l'ancien liquide	page
liquide vidangé __ L	liquide ajouté __ L	marque et type de liquide		

Vidanges de saildrive

Commentaires : _____

date	mot bab/tri	h/moteur	état de l'ancien liquide	page
liquide vidangé L	liquide ajouté L	marque et type de liquide		
date	mot bab/tri	h/moteur	état de l'ancien liquide	page
liquide vidangé L	liquide ajouté L	marque et type de liquide		
date	mot bab/tri	h/moteur	état de l'ancien liquide	page
liquide vidangé L	liquide ajouté L	marque et type de liquide		
date	mot bab/tri	h/moteur	état de l'ancien liquide	page
liquide vidangé L	liquide ajouté L	marque et type de liquide		
date	mot bab/tri	h/moteur	état de l'ancien liquide	page
liquide vidangé L	liquide ajouté L	marque et type de liquide		
date	mot bab/tri	h/moteur	état de l'ancien liquide	page
liquide vidangé L	liquide ajouté L	marque et type de liquide		
date	mot bab/tri	h/moteur	état de l'ancien liquide	page
liquide vidangé L	liquide ajouté L	marque et type de liquide		
date	mot bab/tri	h/moteur	état de l'ancien liquide	page
liquide vidangé L	liquide ajouté L	marque et type de liquide		
date	mot bab/tri	h/moteur	état de l'ancien liquide	page
liquide vidangé L	liquide ajouté L	marque et type de liquide		
date	mot bab/tri	h/moteur	état de l'ancien liquide	page
liquide vidangé L	liquide ajouté L	marque et type de liquide		
date	mot bab/tri	h/moteur	état de l'ancien liquide	page
liquide vidangé L	liquide ajouté L	marque et type de liquide		

Vidanges de saildrive

date	mot bab/tri	h/moteur	état de l'ancien liquide	page
liquide vidangé L	liquide ajouté L	marque et type de liquide		
date	mot bab/tri	h/moteur	état de l'ancien liquide	page
liquide vidangé L	liquide ajouté L	marque et type de liquide		
date	mot bab/tri	h/moteur	état de l'ancien liquide	page
liquide vidangé L	liquide ajouté L	marque et type de liquide		
date	mot bab/tri	h/moteur	état de l'ancien liquide	page
liquide vidangé L	liquide ajouté L	marque et type de liquide		
date	mot bab/tri	h/moteur	état de l'ancien liquide	page
liquide vidangé L	liquide ajouté L	marque et type de liquide		
date	mot bab/tri	h/moteur	état de l'ancien liquide	page
liquide vidangé L	liquide ajouté L	marque et type de liquide		

mot bab/tri – moteur bâbord ou tribord
h/moteur – heures moteur
page – voir la page sur le carnet d'entretien
L – Litres

Résumés

date	mot bab/tri	h/moteur	état de l'ancien liquide	page
liquide vidangé L	liquide ajouté L	marque et type de liquide		
date	mot bab/tri	h/moteur	état de l'ancien liquide	page
liquide vidangé L	liquide ajouté L	marque et type de liquide		
date	mot bab/tri	h/moteur	état de l'ancien liquide	page
liquide vidangé L	liquide ajouté L	marque et type de liquide		
date	mot bab/tri	h/moteur	état de l'ancien liquide	page
liquide vidangé L	liquide ajouté L	marque et type de liquide		

Saildrives – Inspections et changements des joints en caoutchouc

Commentaires : _____

date	mot. bab/tri	h/moteur	numéro de pièce	page
condition du joint				
date	mot. bab/tri	h/moteur	numéro de pièce	page
condition du joint				
date	mot. bab/tri	h/moteur	numéro de pièce	page
condition du joint				
date	mot. bab/tri	h/moteur	numéro de pièce	page
condition du joint				
date	mot. bab/tri	h/moteur	numéro de pièce	page
condition du joint				
date	mot. bab/tri	h/moteur	numéro de pièce	page
condition du joint				
date	mot. bab/tri	h/moteur	numéro de pièce	page
condition du joint				
date	mot. bab/tri	h/moteur	numéro de pièce	page
condition du joint				
date	mot. bab/tri	h/moteur	numéro de pièce	page
condition du joint				
date	mot. bab/tri	h/moteur	numéro de pièce	page
condition du joint				
date	mot. bab/tri	h/moteur	numéro de pièce	page
condition du joint				

Saildrives – Inspections et changements des joints en caoutchouc

date	mot. bab/tri	h/moteur	numéro de pièce	page
condition du joint					

date	mot. bab/tri	h/moteur	numéro de pièce	page
condition du joint					

date	mot. bab/tri	h/moteur	numéro de pièce	page
condition du joint					

date	mot. bab/tri	h/moteur	numéro de pièce	page
condition du joint					

date	mot. bab/tri	h/moteur	numéro de pièce	page
condition du joint					

date	mot. bab/tri	h/moteur	numéro de pièce	page
condition du joint					

mot bab/tri – moteur bâbord ou tribord
h/moteur – heures moteur
page – voir la page sur le carnet d'entretien

Huile pour saildrive

Résumés

date	mot. bab/tri	h/moteur	numéro de pièce	page
condition du joint					

date	mot. bab/tri	h/moteur	numéro de pièce	page
condition du joint					

date	mot. bab/tri	h/moteur	numéro de pièce	page
condition du joint					

date	mot. bab/tri	h/moteur	numéro de pièce	page
condition du joint					

Saildrives – commentaires

Saildrives – commentaires

Résumés

Autre équipement

date	objet	commentaires

Autre équipement

date	object	commentaires

Résumés

Résumés – commentaires

Résumés – commentaires

Mesures et conversions

- Couple – métrique et impérial 265
- Diesel – volumes et poids 266
- Électricité – courant continu 267
- Électricité – Loi de Georg Ohm 267
- Électricité – Loi de James Watt 267
- Équivalents métriques, fractionnaires 268
- Fractions communes, et équivalent en pouces décimaux 269
- Résistance à la traction des boulons en acier renforcé 269
- Longueur/Distance – métrique, impériale et nautique 270
- Poids – métrique et impérial 272
- Pression – métrique et impériale 273
- Puissance – chevaux-vapeur et kilowatts 274
- Superficie – métrique et impérial 275
- Tailles des trous de taraudage et de perçage 276
- Temperature – C et F 277
- Vitesse – métrique, impériale et nautique 278
- Volume – métrique et impérial 279

Test du liquide de refroidissement/antigel avec un hydromètre

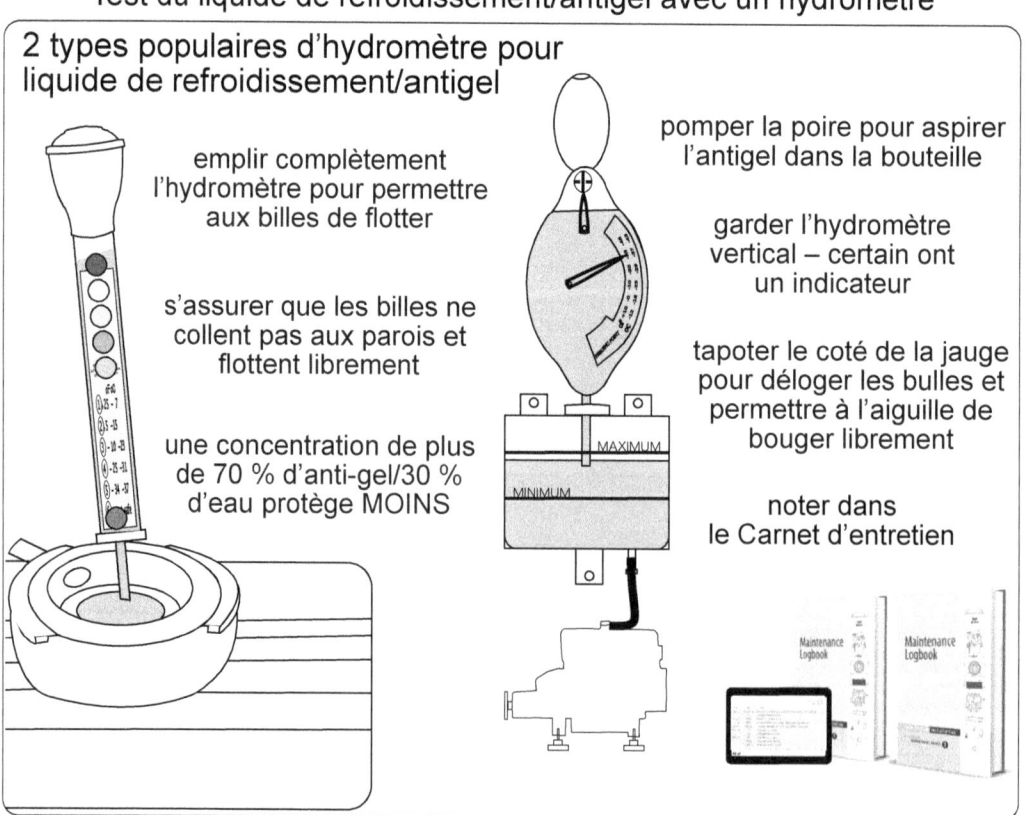

Couple – métrique et impérial

Couple = force nécessaire pour tourner un objet (tel qu'un arbre d'hélice)

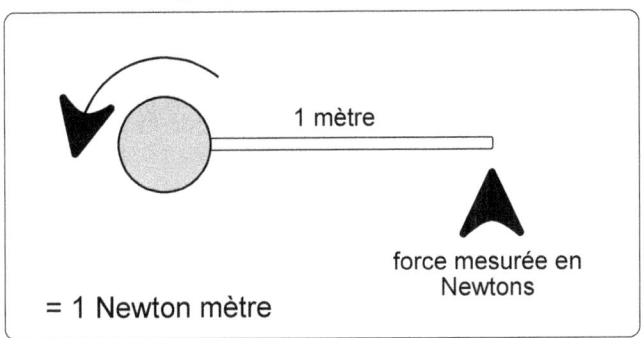

= 1 Newton mètre

N = Newton
Nm = Newton mètre
po oz = pouce ounce
pi lb or pibf = pound force

formule*
Nm X 141.61 = po oz
Nm X 0.738 = pibf
pibf X 1.356 = N m
in oz X 0.007 = nM

1 Newton = force nécessaire pour déplacer 1 kg a distance de 1 mètre par seconde par seconde (par seconde par seconde est la norme mesure de la vitesse d'accélération)

1 Newtonmètre correspond à une force de 1 kg (1 Newton) appliquée avec un levier de 1 mètre pour déplacer ou faire pivoter un objet

1 pied-livre correspond à 1 lb de force appliquée avec un levier à un pied pour déplacer ou faire pivoter un objet.

Nm	po oz	pi lb
1	141.6	0.74
2	283	1.475
3	425	2.213
4	566	2.95
5	708	3.69
6	850	4.43
7	991	5.16
8	1133	5.9
9	1274	6.64
10	1416	7.38
20		14.75
30		22.13
40		29.5
50		36.88
60		44.25
70		51.63
80		59
90		66.38
100		73.76

po lb	po oz	Nm
1	192	1.36
2	384	2.7
3	576	4
4	768	5.4
5	960	6.8
6	1152	8.13
7	1344	9.5
8	1536	10.85
9	1728	12.20
10	1920	13.56
20		27
30		40.67
40		54.23
50		67.79
60		81.35
70		94.91
80		108.46
90		122
100		135.58

po oz	pi lb	Nm
5	0.026	0.035
6	0.03	0.04
7	0.036	0.05
8	0.04	0.056
9	0.046	0.06
10	0.05	0.07
15	0.078	0.106
20	0.10	0.141
25	0.13	0.176
30	0.156	0.2
35	0.18	0.47

Mesures

po lb	in oz	Nm
5	80	0.035
6	96	0.04
7	112	0.05
8	128	0.056
9	144	0.06
10	160	0.07
15	240	0.106
20	320	0.141
25	400	0.176

Diesel – volumes et poids

Fuel

La densité, et donc le poids, du carburant diesel varie selon son mélange (#1 et #2) et sa température – un diesel froid et épais pèse plus que le diesel en été. Le diesel est plus léger que l'eau - sa gravité spécifique varie entre 0,82 et 0,95 ; l'eau douce est 1, l'eau de mer est de 1,025.

1 litre = ± 832 grams or ± 1.87 livres
1 gallon (US) = ± 3.32 kgs ou ± 7.1 lbs
1 gallon (Imp) = ± 3.87 kgs ou ± 8.5 lbs

REMARQUE : les chiffres sont approximatifs en raison de la variation de la densité du carburant et des arrondis

gall imp. = gallon impérial   kg = kilogramme
gall US = gallon US   lb = livre

formule* kg x 1.18 = L kg x 0.31 = Gall US kg x 0.259 = Gall Imp.			
Kilogram	Litre	Gallon US	Gallon impérial
1 kg	1.18	0.31	0.259
2 kg	2.36	0.62	0.518
3 kg	3.54	0.93	0.777
4 kg	4.72	1.24	1.036
5 kg	5.9	1.55	1.295
10 kg	11.8	3.1	2.59
15 kg	17.7	4.65	3.885
20 kg	23.6	6.2	5.18

formule lb x 0.53 = Litre lb x 0.14 = Gall US lb x 0.12 = Gall Imp.			
Livre	Litre	Gallon US	Gallon impérial
1 lb	0.53	0.14	0.12
2 lbs	1.06	0.28	0.24
3 lbs	1.59	0.42	0.36
4 lbs	2.12	0.56	0.48
5 lbs	2.65	0.7	0.6
10 lbs	5.3	1.4	1.2
15 lbs	7.95	2.1	1.8
20 lbs	10.6	2.8	2.4

exemple: 2 kgs x 1.18 = 2.366 L diesel

formule L x 0.832 = kgs L x 1.87 = lbs		
Litre	kgs	lbs
1 L	0.832	1.87
2 L	1.66	3.74
3 L	2.496	5.61
4 L	3.328	7.48
5 L	4.16	9.35
10 L	8.32	18.7
15 L	12.48	28.05
20 L	16.64	37.4

formule G US x 7.10 = lbs G US x 3.32 = kgs		
Gallon US	lbs	kgs
1 G US	7.10	3.32
2 G US	14.2	6.64
3 G US	21.30	9.96
4 G US	28.40	13.28
5 G US	35.50	16.60
10 G US	71	33.20
15 G US	106.50	49.80
20 G US	142	66.4

formule G imp x 8.5 = lbs G imp x 3.87 = kgs		
Gallon imp	lbs	kgs
1 G imp	8.5	3.87
2 G imp	17	7.74
3 G imp	25.5	11.61
4 G imp	34	15.48
5 G imp	42.50	19.35
10 G imp	85	38.70
15 G imp	127.5	58.05
20 G imp	170	77.40

Électricité – courant continu

Électricité – Loi de Georg Ohm

La loi d'Ohm explique la relation entre :
courant (ampères), **résistance (ohms)** et tension.

amps	X	**résistance**	=	tension
tension	÷	**résistance**	=	amps
tension	÷	amps	=	**résistance**

exemple pour calculer la résistance :
$$V \div A (I) = R$$
$$12 \div 4 = 3$$

Électricité – Loi de James Watt

La loi de Watt explique la relation entre :
puissance (watts), courant (ampères) et tension (volts).

tension	X	amps	=	**watts**
watts	÷	amps	=	tension
watts	÷	tension	=	amps

exemple pour calculer l'ampérage :
Un appareil de 12 volts est évalué à 80 watts - combien d'ampères ?
$$80 \div 12 = 6{,}67 A$$

A l'aide de cette pyramide, lorsque 2 valeurs sont connues, la 3ème valeur peut être calculée

I x R = **Voltage (V)**
V ÷ R = **Amps (I)**
V ÷ I = **Résistance (Ω)**

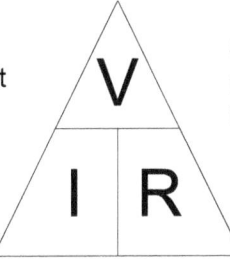

ampères = ampérages ou I ou courant
résistance = R ou Ω ou ohms
tension = V ou E ou volts

Ampère-heure (AH) – nombre total d'ampères qu'une batterie peut fournir sur une période de 20 heures. Plus la cote est élevée, plus la puissance totale que la batterie peut fournir au fil du temps est importante. La cote AH s'applique aux batteries à cycle profond - une batterie de 100 AH peut fournir environ 5 A pendant 20 heures.

Ampères de démarrage à froid (CCA) - courant (ampères) qu'une batterie de 12 V peut produire à -18 °C (0 °F) pendant 30 secondes en maintenant la tension au-dessus de 7,2 volts. Plus la cote est élevée, plus la batterie peut lancer un moteur et plus elle durera longtemps.

Mesures

Marine Cranking Amps (MCA) - courant (ampères) qu'une batterie de 12 V peut produire à 0 °C (32 °F) pendant 30 secondes tout en maintenant la tension au-dessus de 7,2 volts. Le nombre MCA sera supérieur d'un tiers au classement CCA pour la même batterie.

Capacité de réserve (RC) – Nombre de minutes qu'une batterie fournira 25 ampères tout en maintenant la tension au-dessus de 10,5 V (batterie 12 V) à 26,7 °C (80 °F)

tension	Plomb/acide	AGM	Bat. Gel	Lithium
100%	12.60-12.70	12.80 - 12.90	12.85 - 12.95	13.4 - 14.4
75%	12.40	12.60	12.65	13.2
50%	12.20	12.30	12.35	13.1
25%	12.00	12.00	12.00	13.0
0%	11.80	11.80	11.80	10.0

Convertir CCA en MCA – multiplier CCA par 1,3

Convertir MCA en CCA – multiplier MCA par 0,77

Équivalents métriques, fractionnaires et décimaux communs en pouces

Tailles de trous millimétriques en pouces décimaux et fractionnaires les plus proches
exemple : foret de 2 mm – foret en pouces le plus proche 5/64 – soit 1,95 mm

métrique mm	fraction po	le plus proche mm	décimal in
2	5/64	1.95	0.078
3	1/8	3.1	0.125
4	5/32	3.9	0.156
5	13/64	5.1	0.188
5.5	7/32	5.57	0.219
6	15/64	5.9	0.234
6.5	1/4 or 17/64	6.3 or 6.7	0.248 or 0.267
7	9/32	7.1	0.281
7.5	19/64	7.54	0.297
8	5/16	7.9	0.313
8.5	21/64 Or 11/32	8.3 or 8.7	0.328 or 0.344
9	23/64	9.1	0.359
9.5	3/8	9.55	0.375
10	25/64	9.9	0.391
10.5	27/64	10.72	0.422
11	7/16	11.11	0.438
11.5	29/64	11.51	0.453
12	15/32 or 31/64	11.8 or 12.2	0.469 or 0.484
13	33/64	13.10	0.516
14	35/64	13.8	0.547

Exemple de têtes de vis

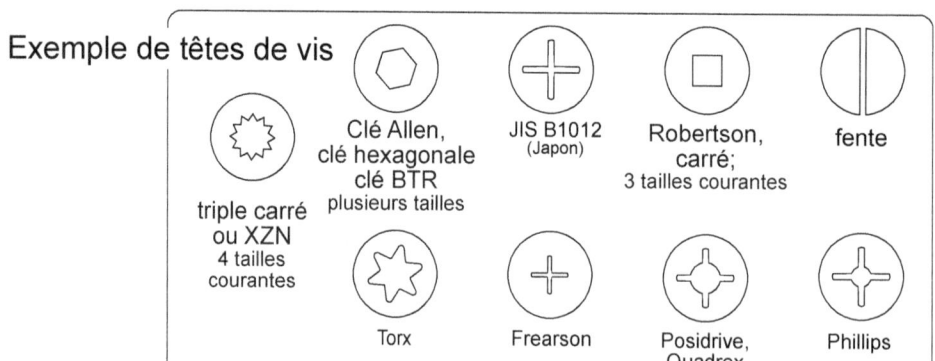

Exemples de têtes de boulons

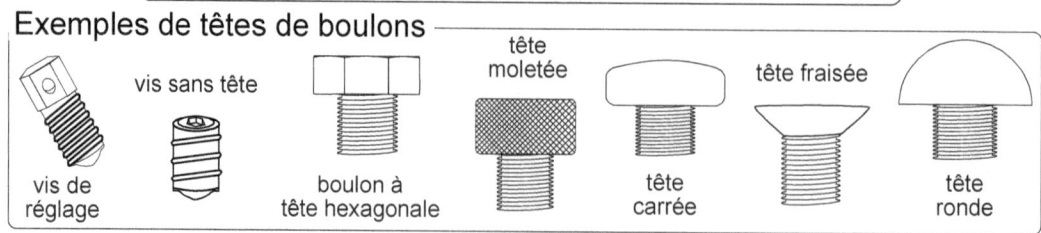

Fractions communes, et équivalent en pouces décimaux et en millimètres métriques

fraction pouce	décimal	métrique mm	decimal	fraction pouce	métrique mm
1/64	0.016	0.397	0.0156	1/64	.397
1/32	.031	.794	.03124	1/32	.794
1/16	.063	1.588	.0625	1/16	1.588
1/8	.125	3.175	.125	1/8	3.175
3/16	.188	4.763	.1875	3/16	4.762
1/4	.250	6.35	.250	1/4	6.350
5/16	.313	7.938	.3125	5/16	7.938
3/8	.375	9.525	.375	3/8	9.525
7/16	.438	11.113	.4375	7/16	11.112
1/2	.500	12.7	0.5	1/2	12.7
9/16	.563	14.288	.5625	9/16	14.386
5/8	.625	15.875	.625	5/8	15.875
11/16	.688	17.463	.6875	11/16	17.462
3/4	.750	19.05	.750	3/4	19.050
13/16	.813	20.638	.8125	13/16	20.638
7/8	.875	22.225	.875	7/8	22.225
15/16	.938	23.813	.9375	15/16	23.812
1	1.0	25.4	1.0	1	25.4

Résistance à la traction des boulons en acier renforcé

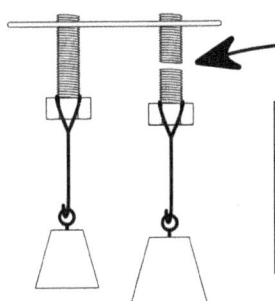

résistance à la traction - traction maximale qu'un matériau peut supporter sans se casser

Mesures

	métrique		anglais
acier doux	400 MPa		60,000 psi
8.8	827 MPa	SAE 5	120,000 psi
10.9	1,034 MPa	SAE 8	150,000 psi

MPa = MegaPascal   psi = livres par pouce carré

 pas de marquage - acier doux   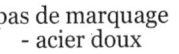 métrique 88    métrique 10.9   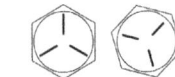 SAE5 - différents styles   SAE 8 - différents styles

 pas de vis grossier
métrique : 1,5
UNC : 16 filets/pouce

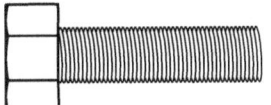 pas de vis fin
métrique : 1,25
UNF : 24 filets/pouce

Longueur/Distance – métrique, impériale et nautique

formule*
mm x 0.0394 = pouce
cm x 0.394 = pouce
pouce x 2.54 = cm

exemple: 5 mm x 0.0394 = 0.197 pouce

cm = centimètre
pouce D = pouce décimaux
mm = millimètre

mm	pouce
1	0.0394
2	0.078
3	0.1181
4	0.157
5	0.197
6	0.236
7	0.276
8	0.315
9	0.355
10	0.394

cm	pouce
1	0.394
2	0.788
3	1.18
4	1.575
5	1.968
10	3.94
15	5.91
20	7.87
25	9.84
50	19.69
75	29.53
100	39.37

pouce	D pouce	mm
1/8	0.125	3.175
1/4	0.250	6.35
3/8	0.375	9.525
1/2	0.5	12.7
5/8	0.625	15.875
3/4	0.75	19.05
7/8	0.875	22.23

Pouces décimaux

De nombreux micromètres électroniques affichent des pouces décimaux - pas des fractions, c'est-à-dire qu'ils divisent un pouce en 1000 parties, ce qui donne une plus grande précision.
Exemple: 0,650 est légèrement supérieur à 5/8".

pouce	cm
1	2.54
2	5.08
3	7.62
4	10.16
5	12.7
10	25.4
15	38.10
20	50.80
25	63.5
50	127
75	190.5
100	254

formule
mètre x 3.28 = pied
mètre x 1.09 = yard

mètre	pied	yard
1	3.28	1.09
5	16.40	5.47
10	32.81	10.94
15	49.21	16.40
20	65.62	21.87
25	82.02	27.34
50	164.04	54.68
75	246.06	82
100	328.08	109.36

formule
yard x 0.914 = mètre

yard	mètre
1	0.914
5	4.572
10	9.14
15	13.72
20	18.29
25	22.86
50	45.72
75	68.58
100	91.44

formule
brasse x 1.829 = mètre
brasse x 6 = pied

brasse	mètre	pied
1	1.829	6
5	9.144	30
10	18.29	60
15	27.43	90
20	36.58	120
25	45.72	150
50	91.44	300
75	137.16	450
100	182.88	600

Longueur/Distance – métrique, impériale et nautique

km = kilomètre
nd = noeud
nq = mille nautique

formule*		
km x 0.54 = nq		
km x 0.62 = mile		
km	nq	mile
1	0.54	0.62
10	5.40	6.21
20	10.79	12.43
30	16.20	18.64
50	27	31.07
100	54	62.14
300	162	186.41
500	270	310.69
750	404.97	466.03
1000	639.96	621.37

formule		
nq x 1.852 = km		
nq x 1.151 = mile		
nq	km	mile
1	1.852	1.151
10	18.52	11.51
20	37.04	23
30	55.56	34.52
50	92.60	57.54
100	185.20	115.08
300	555.60	345
500	926	575.4
750	1389	863
1000	1852	1150.78

formule		
mile x 0.87 = nq		
mile x 1.609 = km		
mile	nq	km
1	0.87	1.609
10	8.69	16.09
20	17.38	32.19
30	26.07	48.28
50	43.45	80.47
100	86.90	160.93
300	260.69	482.80
500	434.49	804.67
750	651.73	1207
1000	868.98	1609.34

exemple: 1 km x 0.54 = 0.54 nq

Vitesse nd	Temps/distance nq	
	12 hrs	24 hrs
0.5	6	12
1	12	24
1.5	18	36
2	24	48
2.5	30	60
3	36	72
3.5	42	84
4	48	96
4.5	54	108
5	60	120
6	72	144
7	84	168
8	96	192
9	108	216
10	120	240
11	132	264
12	144	288

Conversions de vitesse (nd, km/h, m/ph) voir page 278

Mesures

1 minute de latitude = 1 nq
60 minutes de latitude = 1 degré
1 degré = 60 nq
1 mille nautique = 1852 mètres
1 mille nautique = 2025 yards

100 cm = 1 mètre
1 m = 3.28 pieds

3 pieds = 1 yard
3 pieds = 0.914 mètre

Poids – métrique et impérial

Eau douce pure
1 litre = 1 kilogramme ou 2,2 livres
1 gallon (US) = 3,78 kg ou 8,34 lb
1 gallon (Imp) = 4,55 kg ou 10,02 lb

Eau de mer (± 3,5 % de salinité)
1 litre = ±1,025 kilogramme ou 2,26 livres
1 gallon US = ± 3,7 kg ou 8,56 lb
1 gallon Imp = ± 4,66 kg ou 10,26 lb
1 mètre cube = ±1020 kg

1 kg = 1000 grammes
1 kg = 35,24 onces
1 kg = 2,2 livres

1 once = 28 grammes
16 onces = 1 livre
1 livre = 454 grammes
1 livre = 0,45 kg

g = grammes
kg = kilogrammes

lb = livres
oz = onnces

formule*
g x 0.035 = oz
g x 0.002 = lb
kg x 35.274 = oz
kg x 2.2 = lb

gram	oz	lb
10	0.353	0.022
50	1.76	0.11
100	3.53	0.22
500	17.64	1.1
1 kg	35.27	2.2
2 kg	70	4.4
3 kg	106	6.61
4 kg	141	8.82
5 kg	176	11

formule
oz x 28.35 = g
lb x 454 = g

oz	gram
1	28.35
2	56
3	85
4	113
5	142
10	283
15	425
1 lb	454
2 lb	907

exemple: 30g x 0.035 = 1.05 oz

formule
lb x 16 = oz
lb x 454 = g
lb x 0.454 = kg

lb	oz	gram/kg
1	16	454
2	32	907
3	48	1.36 **kg**
4	64	1.81 **kg**
5	80	2.27 **kg**
10	160	4.54 **kg**
15	240	6.80 **kg**
20	320	9.07 **kg**
25	400	11.34 **kg**

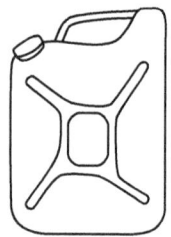

20 l de DIESEL
= 16.64 kgs.
= 37.41 lbs

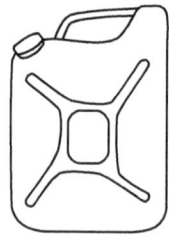

20 l d'eau douce
= 20 kgs.
= 44 lbs

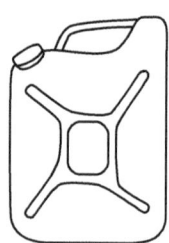

20 l d'eau de mer
= 20.5 kgs.
= 45.2 lbs

Pression – métrique et impériale

Pression atmosphérique (atm) au niveau de la mer
- = ± 1,013 bar
- = ± 760 mmHg
- = ± 101,325 kPa
- = ± 14,7 psi
- = ± 29,921 inHg

formule
psi x 6894.76 = Pa
psi x 2.036 = inHg
psi x 51.72 = mmHg

psi	Pa - kPa	mmHg	inHg
1	6894.76	51.72	2.036
10	68947.60	517.15	20.36
20	137.90 **kPa**	1034	40.72
30	206.84 **kPa**	1551	61.08
40	275.79 **kPa**	2068	81.44
50	344.74 **kPa**	2585	101.80
100	689.48 **kPa**	5171	203.60
500	3447.38 **kPa**	25857	1018
1000	6894.76 **kPa**	51714	2036

formule*
bar x 100 = kilopascals (kPa)
kilopascal x 0.01 = bar
Pa x 0.0075 = mmHg
Pa x 0.000145 = psi
Pa x 0.000295 = po Hg

bar	kPa	psi	mmHg	po Hg
1	100	14.5	750.06	29.53
2	200	29	1500	59.06
3	300	43.51	2250	88.59
4	400	58	3000	118.12
5	500	72.52	3750	147.65
10	1000	145.04	7500	295.3

exemple: 20 kPa x 0.000145 = 2.9 psi

poHg = pouces de mercure
mmHG = millimètres de mercure
kPa = 1000 pascals
MPa = 1 000 000 pascals
Pa = pascal
psi = livres par pouce carré

formule
Mpa x 145.038 = psi

MPa	psi
1	145
2	290
3	435
4	580
5	725

formule
mmHg x 0.039 = inHg
mmHg x 133.32 = Pa
mmHg x 0.019 = psi

mmHg	inHg	Pa - kPa	psi
50	1.968	6666	0.967
100	3.94	13.332	1.933
200	7.87	26.66 **kPa**	3.868
300	11.81	40	5.8
400	15.75	53.33	7.74
500	19.68	66.66	9.67
750	29.53	100	14.50
100 cm	39.37	133.33	19.34

formule
inHg x 25.4 = mmHg
inHg x 3386 = Pa
inHg x 0.491 = psi

inHg	mmHg	Pa - kPa	psi
1	25.4	3386	0.491
2	50.8	6772	0.982
3	76.2	10159	1.473
4	101.6	13545	1.965
5	127	16.93 **kPa**	2.456
6	152.4	20.32 **kPa**	2.95
7	177.8	23.70 **kPa**	3.44
8	203	27.09 **kPa**	3.93
9	228.6	30.48 **kPa**	4.42
10	254	33.86 **kPa**	4.912

Mesures

Puissance – chevaux-vapeur et kilowatts

1 cheval-vapeur = force requise pour soulever 75 kilogrammes 1 mètre en 1 seconde

metric hp	kW	UK/US hp
1	0.735	0.986
5	6.798	4.932
10	7.355	9.863
20	14.710	19.7264
30	22.065	29.5896
40	29.420	39.453
50	36.775	49.316
60	44.13	59.179
70	51.485	69.042
80	58.84	78.9056
90	66.195	88.7688
100	73.55	98.632
120	88.260	118.358
140	102.97	138.085
160	117.68	157.81
180	132.39	177.538
200	147.10	197.26

exemple: 50 mhp x 0.735 = 36.75 kW

1 cheval-vapeur
= 1 metric cheval-vapeur
= 735.5 watts
= 0.7355 kW
= 0.986 hp (britannique)

ch	cheval-vapeur (735.5 watts)	français
	caballo de vapor	espagnol
CV	cavallo vapore	italien
	cavalo de vapor	portugais
hp	horse-power (745.7 watts)	britannique
PS	Pferdestärke	allemand
ЛС	лошадиная сила	russe
马力	(mǎ lì)	chinois
馬力	(baryoku)	japonais

1 kilowatt (kW) = 1000 watts
1 kW = 1.36 metric hp (mhp)
1 mhp = 0.735 kW

UK/US hp	kW	metric hp
1	0.74569	1.01
5	3.728	5.07
10	7.4569	10.14
20	14.91	20.28
30	22.37	30.42
40	29.8279	40.56
50	37.29	50.5
60	44.74	60.83
70	52.20	70.97
80	59.66	81.11
90	67.11	91.25
100	74.57	101.39
120	89.48	121.66
140	104.40	141.94
160	119.31	162.22
180	134.23	182.50
200	149.14	202.77

exemple: 50 hp x 1.01 = 50.5 mhp

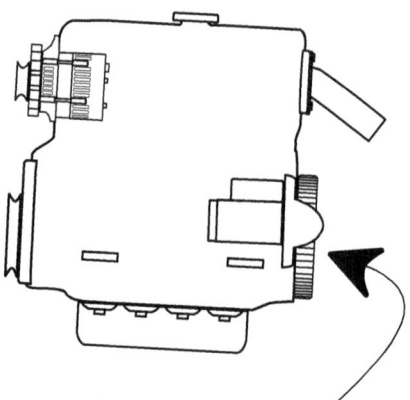

puissance au frein
mesuré à la sortie du moteur - un peu moins de ch dû au frottement à l'intérieur du moteur

puissance au frein
= brake horse power (bhp)

Superficie – métrique et impérial

cm = centimètre
cm^2 = centimètre carré
ft = pied
ft^2 = pied carré
m = mètre
m^2 = mètre carré
mm = millimètre
mm^2 = millimètre carré

formule
mm^2 x 0.01 = cm^2
mm^2 x 0.00155 = in^2

mm x mm	mm^2	cm^2	in^2
2 x 2	4	0.04	0.0062
3 x 3	9	0.09	0.014
4 x 4	16	0.16	0.025
5 x 5	25	0.25	0.039
6 x 6	36	0.36	0.056
7 x 7	49	0.49	0.076
8 x 8	64	0.64	0.099
9 x 9	81	0.81	0.125
10 x 10	100	1	0.155

formule*
cm^2 x 0.155 = in^2

cm^2	$inch^2$
1	0.155
2	0.31
3	0.465
4	0.62
5	0.775
10	1.55
15	2.325
20	3.1
25	3.875
50	7.75
75	11.625
100	15.50

formule
in^2 x 6.45 = cm^2

$inch^2$	cm^2
1	6.45
2	12.90
3	19.35
4	25.81
5	32.26
10	64.52
15	96.77
20	129
25	161
50	322
75	484
100	645

exemple: $3\ cm^2 \times 0.155 = 0.465\ pouce^2$

formule*
m^2 x 10.76 = ft^2

m^2	ft^2
1	10.76
2	21.53
3	32.28
4	43.06
5	53.82
10	107.64
15	161.46
20	215.28
25	269
50	538
75	807
100	1076

formule
ft^2 x 0.0929 = m^2

ft^2	m^2
1	929 cm^2
2	0.186
3	0.279
4	0.372
5	0.465
10	0.93
15	1.39
20	1.86
25	2.32
50	4.65
75	6.97
100	9.29

Mesures

Métrique
100 mm^2 équivaut à 1 cm^2
10,000 cm^2 équivaut à 1 m^2
646 mm^2 équivaut à 1 $pouce^2$

Impérial
144 $pouces^2$ équivaut à 1 $pied^2$
9 $pied^2$ équivaut à 1 $yard^2$
10.76 $pied^2$ équivaut à 1 m^2

exemple: $3\ m^2 \times 10.76 = 32.28\ pied^2$

Tailles des trous de taraudage et de perçage en millimètres et en pouces

mm taille du taraud	mm taille de la perceuse	taille de foret en pouces
2	1.5	1/16
3	2.5	3/32
4	3.5	9/64
5	4.5	11/64
6	5	13/64
7	6	15/64
8	7	9/32
10	9	23/64
12	10.5	13/32
14	12.5	31/64

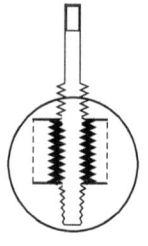

les tarauds chanfreinés sont les plus commun

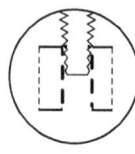

les tarauds chanfreinés sont plus pratiques pour commencer verticalement dans le trou percé

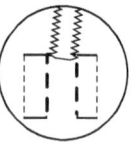

les tarauds non chanfreinés sont moins pratique pour démarrer exactement à la verticale

taille du robinet en pouces	taille de foret en pouces	mm taille du foret
1/8	3/32	2.38
1/4	7/32	5.5
5/16	9/32	7
3/8	5/16	8
1/2	15/32	12
5/8	35/64	14
3/4	11/16	17.5
7/8	13/16	20.5
1	7/8	22

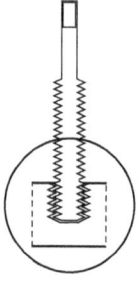

les tarauds non chanfreinés sont utilisés pour tarauder un trou borgne (c'est-à-dire sans sortie)

REMARQUE : les tailles de foret indiquées sont des équivalents courants
(Les forets de 1,6 mm ne se trouvent pas sur de nombreux bateaux !)

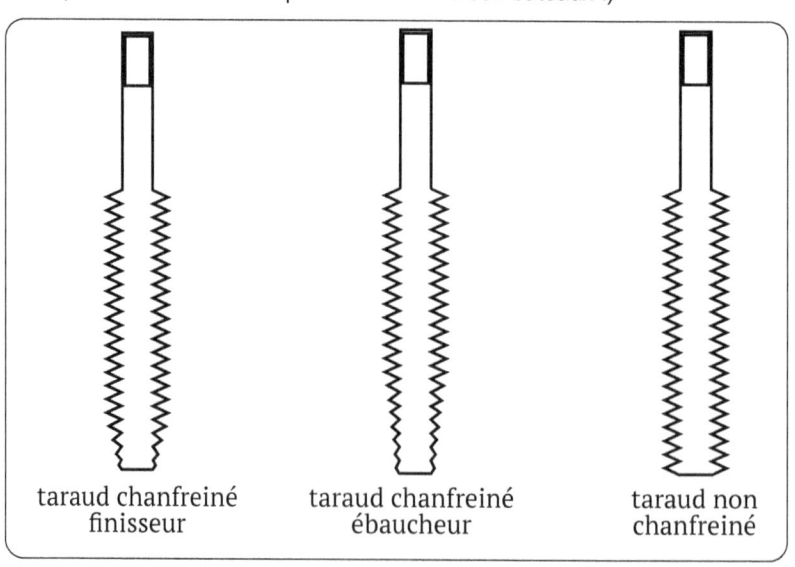

Temperature – C et F

température de fonctionnement du moteur	°C	°F
refroidissement indirect	70 - 85 °C	158 - 185 °F
refroidissement direct	55 - 70 °C	131 - 158 °F

caractéristiques diesel	°C	°F
point d'éclair diesel temp. Min. ou les vapeurs de diesel vont brûler	52 - 82 °C	125 - 180 °F
auto-allumage diesel - temp. min. ou le carburant s'enflammera sans source	210 °C	410 °F
temp. de l'air du cylindre avant l'injection	500 °C	920 °F
température de la flamme (gaz de combustion)	1400 °C	2550 °F
température diesel au collecteur d'échappement	300 - 1000 °C	1470 - 1800 °F
température d'échappement après injection d'eau de mer	40 - 50 °C	104 - 122 °F

températures approximatives uniquement
- les températures précises dépendent de nombreuses variables

pour convertir de C vers F

$$1\ °C \times 1.8 + 32 = °F$$

exemple: $10\ °C \times 1.8 = 18 + 32 = 40\ °F$

pour convertir de F vers C

$$1\ °F - 32 \times 0.5566 = °C$$

exemple: $56\ °F - 32 = 24 \times 0.5566 = 13\ °C$

Mesures

point d'ébullition de l'eau pure au niveau de la mer	100 °C	212 °F
point de congélation de l'eau pure au niveau de la mer	0 °C	32 °F
point de congélation de l'eau de mer (3,5 % de salinité)	2 °C	28 °F

Température de l'eau pour former tempêtes tropicales tournantes : 26 °C (79 °F)

Noms par zone :
Cyclone – Océan Indien
Ouragan – Océan Atlantique, Océan Pacifique
Typhon - Pacifique occidental, mer de Chine méridionale

Vitesse – métrique, impériale et nautique

pi/s = pied par seconde
nd = noeud (1 mile nautique par heure)
km/h = kilomètres par heure

m/ph = miles par heure
m/s = mètres par seconde

*formule**
km/h x 0.278 = m/s
km/h x 0.54 = nœud
km/h x 0.621 = m/ph
km/h x 0.911 = pi/s

km/h	m/s	nœud	m/ph	pi/s
1	0.28	0.54	0.62	0.911
5	1.39	2.7	3.11	4.56
10	2.78	5.4	6.21	9.11
15	4.17	8.10	9.32	13.67
20	5.56	10.8	12.43	18.23
25	6.95	13.5	15.53	22.78
30	8.34	16.2	18.64	27.34

*exemple: 5 kph x 0.54 = 2.7 nœud

formule
m/s x 3.6 = km/h
m/s x 1.944 = nœud
m/s x 2.237 = m/ph
m/s x 3.281 = pi/s

m/s	km/h	nœud	m/ph	pi/s
1	3.6	1.94	2.24	3.28
5	18	9.72	11.18	16.40
10	36	19.44	22.37	32.81
15	54	29.16	33.55	49.21
20	72	38.88	44.74	65.62
25	90	48.60	55.92	82.02
30	108	58.31	67.11	98.42

formule
nœud x 1.852 = km/h
nœud x 0.514 = m/s
nœud x 1.688 = pi/s
nœud x 1.151 = m/ph

nœud	km/h	m/s	m/ph	pi/s
1	1.85	0.51	1.15	1.69
2	3.7	1.03	2.3	3.38
3	5.56	1.54	3.45	5.06
4	7.41	2.06	4.6	6.75
5	9.26	2.57	5.75	8.44
10	18.52	5.14	11.51	16.88
15	27.78	7.71	17.26	25.32

formule
m/ph x 1.609 = km/h
m/ph x 0.447 = m/s
m/ph x 1.467 = pi/s
m/ph x 0.869 = nœud

m/ph	km/h	m/s	knots	pi/s
1	1.61	0.45	0.87	1.47
5	8.05	2.24	4.34	7.33
10	16.09	4.47	8.69	14.68
15	24.14	6.71	13.03	22
20	32.19	8.94	17.38	29.33
25	40.23	11.18	21.72	36.67
30	48.28	13.41	26.07	44

1 nœud = 0.5144 mètres par seconde
1 kilomètre = 0.278 mètres par seconde

nœud x temps = distance
voir page 271

Volume – métrique et impérial

1000 millilitres = 1 litre
16 Fl. Oz US = 1 pinte US
20 Fl. Oz Imp = 1 pinte Impérial
2 pintes = 1 quart
8 pintes = 1 gallon

fl.oz US = once liquide américaine
fl.oz Imp = once liquide impériale (britannique)
mL = millilitre
L = litre

G (États-Unis) = gallon américain
G (Imp) = gallon impérial
Pt (États-Unis) = pinte américaine
Pt (Imp) = pinte impériale

formule		
mL x 0.034 = Fl. Oz US		
mL x 0.035 = Fl. Oz Imp.		
mL	Fl Oz. US	Fl Oz Imp.
5	0.17	0.176
10	0.35	0.35
25	0.85	0.88
50	1.69	1.76
100	3.38	3.52
250	8.45	8.80
500	16.91	17.60
750	25.36	26.40

formule		
Fl Oz. US x 29.574 = mL		
Fl. Oz US x 1.04 = Fl. Oz Imp.		
Fl Oz. US	mL	Fl. Oz Imp.
1	29.57	1.04
2	59	2.08
3	89	3.12
4	118	4.16
5	148	5.20
10	296	10.41
15	444	15.61
20	591	20.82

formule		
Fl. Oz Imp. x 28.41 = mL		
Fl. Oz. Imp. x 0.961 = Fl. Oz. US		
Fl Oz. Imp.	mL	Fl Oz US
1	28.41	0.96
2	57	1.92
3	85	2.88
4	114	3.84
5	142	4.8
10	284	9.6
15	426	14
20	568	19

Pint US	Pint Imp.
1	0.83
2	1.66
3	2.5
4	3.33
5	4.16

Pint Imp.	Pint US
1	1.20
2	2.4
3	3.6
4	4.8
5	6

formule
pint US x 0.833 = pint Imp.
pint Imp. x 1.2 = pint US

20 gouttes de pluie = ± 1mL

Litre	G US	G Imp.	Fl Oz US	Fl. Oz Imp.
1	0.26	0.22	33.81	35.19
2	0.56	0.44	67.63	70.39
3	0.79	0.66	101.44	105.59
4	1.06	0.88	135.26	140.78
5	1.32	1.10	169.07	175.98

*formule**
L x 0.264 = G US
L x 0.22 = G Imp.
L x 33.81 = Fl. Oz. US
L x 35.19 = Fl. Oz. Imp

exemple: 2L x 0.22 = 0.44 Gallon Imp.

Mesures

formule				
G US x 3.78 = L				
G US x 0.833 = G Imp.				
G US x 128 = Fl. Oz. US				
G US x 133.23 = Fl. Oz. Imp				
G US	L	G Imp.	Fl Oz US	Fl. Oz Imp.
1	3.78	0.83	128	133.23
2	7.57	1.66	256	266.46
3	11.36	2.5	384	399.68
4	15.14	3.33	512	532.91
5	18.93	4.16	640	666.14

formule				
G Imp x 4.546 = L				
G Imp x 1.20 = G US				
G Imp x 153.72 = Fl. Oz. US				
G Imp x 160 = Fl. Oz. Imp				
G Imp	L	G US	Fl Oz US	Fl. Oz Imp.
1	4.55	1.20	153.72	160
2	9.09	2.4	307.44	320
3	13.64	3.6	461.17	480
4	18.18	4.8	614.89	640
5	22.73	6	768.61	800

date

date

Commentaires

date

*date*_____

Commentaires

date

date

Commentaires

date

*date*_____

Commentaires

Index

A

Accouplement d'arbre 56
    inspection 56
Accouplement flexible 24
Alternateurs 22
Ampérage de démarrage à froid 20
Ampérage de démarrage marin 20
Anodes
    anode d'hélice 21
    anode de coque 21
    anode(s) de moteur 21
    inspections 52
Anti siphon 16
Arbre d'hélice 26, 57
    inspection 57
Autres équipements 34

B

Bague hydrolube 26
    inspection 59
    matériaux de construction 26
Batteries
    vérifier le niveau d'électrolyte 206

C

Câblage et des cosses 50
Cartouches de filtre à air 18
CCA Cold Cranking Amps 267
Chaise d'arbre 60
    inspection 60
Cheval-vapeur 270
    brake horse power 270
    puissance au frein 270
Colliers de serrage - inspection 49
Coordonnées – Chantiers navals 8
Courroies 53
    inspection 53
    inspection de la tension 54
    inspection de tension (table) 57

D

Dampers d'accouplement 24
Durites
    inspecter d'un presse étoupe traditionnel 58
    inspection et des colliers de serrage 49
    protection contre les frottements 52

E

Échangeur 16
Échangeur pour refroidir l'huile 17
Échappement 18
    colonne de gaz d'échappement 18
Électricité
    Ampères de démarrage à froid (CCA) 267
    Capacité de réserve (RC) 267
    Loi de Georg Ohm 267
    Loi de James Watt 267
    Marine Cranking Amps (MCA) 267
Éolienne 20

F

Filtre à huile
    couvrir le trou centrale 14
Filtres à fuel 12
    5 conceptions de filtres primaires 12
    entonnoir a filtre vii
    filtre separateur primaire 12
    filtre séparateur secondaire 12
        vérifiez que l'ancien joint ai été retiré 206

G

Générateur 31

H

Hélices 28
    3 Types d'hélices 29
    cône d'axe d'hélice 28
    hélice à mise
    en drapeau 29
    hélice fixe 29
    hélice repliable 29
        hélice repliable – inspection 206
    inspection 60
    numéro d'hélice 29
    type d'hélice 28
Hors-bord 31
Huile moteur. voir Lubrication

I

Informations sur le bateau 8
Inventaire du système diesel 9
Inverseur/Transmission
    diagnostic à la jauge 48
    inverseur/ transmission – type 24

position correcte pour le contrôle du niveau d'huile d'inverseur 49
position de l'inverseur en navigation 24

J

Joint d'arbre 26
Joint d'arbre d'hélice
   inspection 58
   joint d'arbre d'hélice à lèvre 26
   joint d'arbre d'hélice tournant 26
   presse étoupe traditionnel en bronze 27

L

Liquide de refroidissement 52
   hydromètre 264
   inspection (table) 52
   système de refroidissement 16
   test du liquide de refroidissement 264
Liste des inspections 46
Liste des pièces de rechange 32
   matériel d'entretien moteur 32
   pieces moteur 32
Lubrication
   additifs pour huile moteur 15
   API/SAE « donut » 15
   couvrir le trou centrale 14
   diagnostic à la jauge - huile moteur 47
   diagnostic à la jauge - liquide de ATF 48
   graisser câbles de commande 14

M

Manuels 33
Marine Diesel Basics 1 iii
   critiques, Marine Diesel Basics 1 iii
Marine Diesel Basics 2 290
MCA Marine Cranking Amps 267
Micron - taille en micron 13

N

Nable de fuel
   inspection 46
Newtonmètre 274

P

Panneaux solaires 20
Passe-coque
   pinoche en bois 16
Plaque d'entraînement 24

Pompe a eau de mer
   inspection 51
Pompes à injection – jauges à contrôler 206
Pompes de relevage 13
Poulies 55
   inspection 55
Presse étoupe trad. en bronze
   inspecter la durite 58
Pression atmosphérique 271
Puissance au frein 270

R

Refroidissement de moteur 16
   capacité de liquide 16
   eau de mer 16
Refroidisseur d'admission 18
Régulateur de charge 22
Résistance à la traction des boulons 279

S

Saildrive 30
   commentaires 258
   inspection de l'alarme du capteur d'eau 61
   Inspection de la bague d'étanchéité 61
Supports moteur 9
Système de refroidissement 16

T

Taille en micron 13
Tailles des trous de taraudage 276
Testeur de charge 40
Têtes de boulons – exemples 268
Têtes de vis – exemples 268
Turbine d'eau de mer 16, 51
   inspection 51
Turbocompresseur 18

V

Vannes 9
   emplacement de toutes 9
   emplacement des vannes de carburant 11
   vannes – ouvrir - fermer - ouvrir 40
Ventilateur 18

W

Waterlock 18

Index

Série sur les Marine Diesel Basics

Marine Diesel Basics 1
- Entretien
- Désarmement
- Protection hivernale
- Stockage tropical
- Remise en service du printemps

- 350+ illustrations claire
- 212 pages
- 2ème édition
- livre de poche relié, livre broché couverture rigide, e-book, reliure spirale
- Disponible en anglais seulement – liste de traduction des mots technique disponible gratuitement sur notre site
- **9 000+ vendus**

«... Le meilleur guide sur le sujet que j'ai vu, ce livre a un place sur chaque bateau équipé d'un moteur diesel. »
— *Sail Magazine*

«... c'est une source de d'information essentielle pour quiconque débute sur les moteurs diesel en raison de ses illustrations claires ... Je le recommande fortement. » — *Good Old Boat*

« "Le meilleur guide disponible. » — *Australian Sailing*

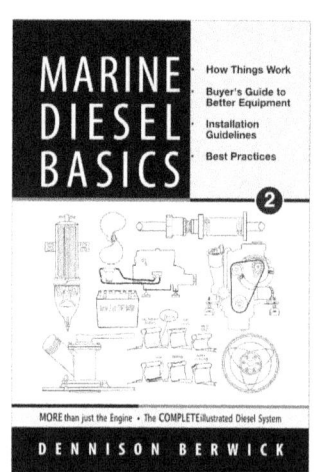

Marine Diesel Basics 2
- Comment les choses fonctionnent
- Guide de l'acheteur pour un meilleur équipement
- Directives d'installation
- Les bonnes habitudes a prendre
- 2000+ illustrations • 500 pages

Publication prochaine

www.marinedieselbasics.com
- 2500+ manuels gratuits
- listes de contrôle gratuites
- listes de traductions des mots commun gratuites

MDB Librairie

Manuels de moteur

www.ingramcontent.com/pod-product-compliance
Lightning Source LLC
Chambersburg PA
CBHW060407010526
44107CB00005B/612